제자리에
있다는
것

Être à sa place by Claire Marin
Copyright © Éditions de l'Observatoire / Humensis, 2022
All Rights Reserved.

Korean translation rights © Editus Publishing Co., 2025
Korean translation rights are arranged with Éditions de l'Observatoire / Humensis
through AMO Agency Korea.

이 책의 한국어판 저작권은 AMO 에이전시를 통해 저작권자와 독점 계약한
에디투스에 있습니다. 저작권법에 의해 한국 내에서 보호를 받는 저작물이므로
무단 전재와 무단 복제를 금합니다.

제자리에 있다는 것

제1판 1쇄 2025년 05월 12일
　　　5쇄 2025년 12월 09일

지은이 클레르 마랭
옮긴이 황은주
펴낸이 연주희
편집 윤현아
펴낸곳 에디투스
등록번호 제2015-000055호(2015.06.23)
주소 경기도 성남시 분당구 황새울로351번길 10, 401호
전화 070-8777-4065
팩스 0303-3445-4065
이메일 editus2015@gmail.com

가격 16,800원

ISBN 979-11-91535-17-4 (03100)

제자리에 있다는 것

ÊTRE À SA PLACE

에디투스   클레르 마랭 지음   황은주 옮김

일러두기

1. 이 책은 클레르 마랭의 *Être à sa place* by *Claire Marin*를 우리말로 옮긴 것이다.
2. 맞춤법과 외래어 표기는 국립국어원의 용례를 따랐다. 다만 국내에 이미 굳어진 인명과 지명, 식물 용어라고 판단한 경우에는 통용되는 표기를 썼다.
3. 단행본에는 겹낫표(『』)를, 단편에는 낫표(「」)를, 전시명, 노래명, 미술작품명에는 홑꺾쇠(〈 〉)를 썼다.
4. 본문 내 각주 중 옮긴이의 것에는 해당 문장 끝에 표기했다.

"나는 안정적이고 흔들리지 않는 곳, 범할 수 없는 곳, 손대지 않았으며 거의 손댈 수 없는 곳, 깊게 뿌리내린 변함없는 곳들이 있으면 좋겠다. 준거점이자 출발점, 근원이 되어 줄 장소들이."
— 조르주 페렉,『공간의 종류들』

차례

제자리라는 문제 — 9
도마뱀 놀이, 볕 드는 자리에서 빈둥대기 — 17
"모든 것이 제자리에 있고" — 25
탈주하기 — 33
한자리에 머물지 못하는 사람들 — 38
뿌리내리기 — 45
줄어드는 삶 — 52
공간의 시련 — 62
왕국 없는 여왕 — 65
제 목소리 찾기 — 71
불손한 사람들 — 75
침입의 논리 — 79
자리의 곤경 — 83
"진정한 장소"라는 것 — 91
욕망의 불협화음 — 97
표류와 흘러넘침 — 106
이중생활 — 114
내 안에 자리 만들기 — 116
안의 공간 — 118
내 몸에 깃들어 살기 — 123
바로 여기 — 129

일곱 가족 게임 ― 134
가지를 잘라 내기 ― 139
의자 놀이 ― 144
누락된 자리 ― 149
자리를 발명하기 ― 155
유령들 ― 159
실향민들 ― 165
잘못된 장소에 있다는 것 ― 173
어쩌다 있게 된 곳 ― 177
철새들 ― 181
소리의 원 ― 186
자리 옮김을 사유하기 ― 189
무엇을 위한 자리인가? ― 193
책의 여백에 ― 203

옮긴이의 말 ― 207

제자리라는 문제

향수 어린 (가짜) 양자택일

뿌리내리기, 뿌리를 되찾거나 만들어 내기, 공간에서 당신의 것이 될 장소를 취하기, 1밀리미터씩 "자기만의 집"으로 (…) 만들어 나가기. (…) 혹은 옷들만 짊어지기, 아무것도 간직하지 않기, 호텔에 살기, 호텔을 자주 옮기기, 도시를 바꾸기, 나라를 바꾸기, (…) 어디에도 내 집에 있다고 느끼지 않기, 그러나 거의 모든 곳에서 잘 지내기.
— 조르주 페렉, 『공간의 종류들』[1]

세상에는 두 종류의 사람이 산다고들 한다. 정착민과 유목민, 대지의 인간과 바람의 인간이 있다고 말이다. 이에 따르면 어떤 사람은 정주하는 곳의 흙으로 빚어지기라도 한 것처럼 자신이 사는 곳에서만 행복할 수 있다. 그런가 하면 어떤 장소나 관계에도 진정으로 닻을 내리지 못한 채 구름에 달 가듯 하는 사람도 있다. 그런데 조르주 페렉이 일러 주길, 이러한 구분은 향수 어린 (가짜) 양자택일일 뿐이다. 우리는 그 사이에 있는 존재며, 몽테뉴가 생각했던 것처럼 늘 움직이는 존재다.[2] 그 움직임이 눈에 띄지 않고 마음

---

[1] 국역본 출처가 함께 표기된 인용문들은 국역본의 번역을 가져오되 경우에 따라 이 책의 문맥을 고려하여 일부 수정했다. 조르주 페렉, 『공간의 종류들』, 김호영 옮김, 문학동네, 2019. — 옮긴이.

[2] 『에세』 2권 8장 「자식에 대한 아버지의 사랑에 관하여」에 다음과 같은 구절이 있다. "우리는 존재한다는 것을 소중히 여기기에, 그리고 존재한다는 것은 움직이고 행동한

속 깊은 곳에 겹겹이 숨겨져 있을 때조차도 그렇다. 우리는 결코 한자리에 머무르지 않으며, 때로는 이동하지 않고서도 내면의 먼 곳으로 여행을 떠난다.

그렇다. 정착민과 유목민을 나누는 것은 가짜 양자택일이다. 왜냐하면 존재한다는 것은 언제나 하나의 여정이며, 머묾도 그 여정을 구성하는 정서·사회·지리·정치적 기착지일 뿐이기 때문이다. 실제로 우리는 결코 같은 자리에 있을 수 없다. "삶은 불안하고, 발을 딛고 선 땅은 흔들린다"[3]는 말처럼, 우리는 끊임없이 움직이는 모래 위를 걷는 존재다. 이 항구를 떠나 다른 항구로 항해하기 위해 밧줄을 끄르고, 깃발을 교체하고, 항로를 결정하지만, 물결이 우리를 요동치게 하고 바람이 뱃전을 돌려놓아 **미지의 땅**terra incognita에 좌초하고 만다. 이렇게 표류와 전복을 겪으며 무엇을 발견하게 될지 누가 알겠는가? 물론 거기에는 우리 자신에 대한 발견도 있을 것이다.

왜 제자리에 대해 생각해야 할까? 때때로 스스로 선택하여 성공적으로 자리 잡았다고 생각한 곳에서 불시에 쫓겨날 때가 있다. 한때 그 자리가 정당하게 주어진 것이자 확실한 것, 마땅히 누려야 할 것으로 여겨졌던 것은 우리를 그곳에 던져둔 우연이라는 요소를 보지 못했기 때문이다. 어떤 사건이나 재앙으로 인해 자리를 빼앗기고 나서야 그동안 그 자리의 한계에 얼마나 갇혀 있었는지 깨닫기도 한다. 그리하여 역설적으로 이러한 강제적인 자리 옮김déplacement은 박탈보다 해방을 의미하기도 한다. 내 자리라고 말하

다는 것이기에 그렇습니다." 몽테뉴, 『에세』, 최권행·심민화 옮김, 민음사, 2022. — 옮긴이.
3 J-B.Pontalis, *Œvres littéraires*, Gallimard, coll. "Quatro", 2015, p. 929.

는 이곳이 반드시 최선의 장소가 아닐 수도 있다. 실제로 우리는 우리를 제약하는 자리, 너무 비좁은 자리를 운명이라 믿고 받아들이기도 한다. 그렇다면 너무나 협소한 것이 분명한 자리를 적합한 자리라고 확신하게 되는 이유와 논리는 무엇일까?

그건 아마 제자리에 대한 향수가 만들어 내는 욕망 때문일 것이다. 이는 제1의 장소, 경험했다기보다는 꿈꿔 왔던 장소에 대한 이상화에 기반을 둔다. 그리하여 우리는 우리에게 맞는 "바른" 자리, 페렉의 소중한 이미지를 빌어 말하자면, 퍼즐의 빠진 조각처럼 우리를 딱 맞춰 넣을 수 있는 자리가 존재한다고 믿게 된다. 자리 문제는 우리의 고유성에 관한 것이기도 하지만, 이미 속해 있거나 미래에 속하고 싶은 사회, 가족, 집단에 적응하는 문제이기도 하다. 우리는 제자리를 잃거나 다른 사람으로 대체되는 것을 두려워하기 때문에, 꼭 맞지 않더라도 이미 속해 있는 정서·관계적 공간에 안주한다. 우리는 자리가 안정과 지속성을 보장해 준다고 생각하는데, 실제로 자리는 질서에 대한 욕구, 규정되고 식별되고자 하는 욕구를 충족시켜 줄 때가 있다.

하지만 위계적 성격을 지닌 자리는 사람들을 분류하고 낙오시킨다. 어떤 경우에는 자리에 폭력이 가해져서 사람들이 도망치고, 떠나고, 탈주하기도 한다. 객관적으로나 주관적으로나 거주할 수 없는 자리, 도무지 살 수 없는 자리도 있다.[4] 그런 곳에서는 숨도 쉴 수 없다. 자신을 구해 내고 고유한 힘을 발휘할 추진력을 얻기 위해 우리는 그곳으로부터 도망쳐야 한다. 단순히 불편하거나

---

4 Georges Perec, *Espèces d'espaces*, Galilée, 2000, « l'inhabitable », p. 179. 『공간의 종류들』, 149쪽.

제자리에 있지 않다는 느낌, "바른 자리"가 아니라고 느끼는 자리도 있다. 그럴 때 우리는 멜로디 속 잘못된 음표 하나, 기계장치에 끼어든 모래알, 침입자가 된다. 우리의 말이나 반응은 그곳에 "걸맞지 않은" 것으로 간주된다. 이러한 괴리가 자아내는 불쾌한 느낌은 다른 자리에 대한 열망, 정착하여 자신을 드러낼 수 있는 가능한 다른 장소에 대한 꿈을 낳으며, 자기에게 어울리는 삶과 그 삶에 일치하는 정체성에 대한 욕망을 살찌운다.

페렉은 "산다는 것, 그것은 최대한 부딪치지 않으려 애쓰면서 하나의 공간에서 다른 공간으로 이동하는 것이다"[5]라고 말한 바 있다. 이따금 충돌은 가혹한 결과를 낳기도 한다. 현실의 벽 또는 보이지 않는 벽이 내 앞을 가로막고, 울타리는 나를 보호하지 않고 가둬 버린다. 틈새를 찾아 파고들어 가고, 길을 내서 잠입해 들어가며, 현대 시인들의 말처럼 "자리 잡기être dans la place" 위해 뒷문으로 들어가야 할 때도 있다. 주체의 자기 전개는 자리를 옮기는 과정을 수반한다. 자리를 옮기는 일은 곧 자기를 뛰어넘는 일이다. 이는 인종 간 장벽, 유리 천장, 울타리의 논리[6] 등 보이지 않는 구조물과 신호 체계들로 인해 방해받기도 한다. 매끄럽게 진입하고 싶지만 닫힌 문에 부딪히는 것이다. 그러한 공간은 칸칸이 막힌 채 밀봉되어 있어 한쪽에서 다른 쪽으로 자유로이 옮겨 다닐 수 없다. 그리하여 칸막이와 벽을 부수고 침입해 들어갈 수밖에 없다. 그보다 신중한 방식을 원한다면, 문을 개방하는 주문을 배우고, 규칙을 해독해 내고, 그곳을 지배하는 언어의 세계에 입문해야만 한다.

---

5 *Ibid.*, p. 16. 국역본, 17쪽.

6 Achille Mbembe, préface de Frantz Fanon, *Œuvres*, *La Découverte*, 2011, p. 19.

"사람들은 자신을 보호하고, 스스로 벽을 쌓는다. 문은 가로막고 갈라놓는다. (…) 한쪽에서 다른 쪽으로 스며들 듯 건너갈 수 없고, (…) 비밀번호가 필요하며, 문턱을 넘어야 하고, 식별표지를 보여줘야만 하며, 죄수가 외부와 소통하듯 해야만 한다."[7]

자리옮김은 곧 해방dégagement이다. 정신적으로나 물질적으로 저당gage 잡히고 족쇄가 채워진 상태에서 벗어나 자신을 자유롭게 하는 것이다. 오랫동안 나를 정의해 왔던 자리를 버리고 다른 정체성을 주장하는 것은 예전 모습대로의 나, 혹은 다른 사람들이 바라왔던 모습대로의 나를 배반한다는 감정을 동반하기도 한다. 이처럼 자리를 바꾸는 데에는 — 자신의 결정에 의해서든, 강요에 의해서든 — 항상 상징적 폭력과 떼어냄arrachement의 형식이 존재한다. 그러나 거기에는 해방의 환희, 해방이 야기하는 소란에 서린 즐거움, 다른 자리 잡음의 실험이 불러일으키는 흥분도 존재할 것이다.

어쩌면 그것은 표류의 즐거움이기도 하다. 기꺼이 스스로 방향을 잃어버리는 사람들이 있다. 폐쇄되고 한정된 세계에서 벗어나 새로운 것을 시도하고, 유한한 곳으로부터 벗어나 열린 공간을 실험하기 위해서 말이다. 우리가 항상 목적지가 어디인지 아는 것은 아니다. 어쩌면 목적지의 부재는 해방의 첫 단계일 수 있다. 우리는 사회적 게임이 진행되는 체스판에서 벗어나 규정된 적 없는 것을 시도할 수 있다. 다른 어떤 것도 목표로 두지 않은 채 제자리를 떠날 수 있다.

"우리는 그동안 의지해 온 최초의 편안한 상태로부터 밧줄을

---

7 Georges Perec, *Espèces d'espaces*, op. cit., p. 73. 『공간의 종류들』, 63쪽.

끄르고, 그 탁월한 소재지를 상실해야만 했다. 성벽 바깥에는 무한이 있었다."[8]

유목민과 방랑자들의 존재는 우리가 결코 어디에도 도착하지 못한다는 것을 의미할지도 모른다. 모든 자리는 임시적이고, 끊임없이 격변을 겪는다. 각자의 자리와 카드는 다시 분배될 수 있다. 어쩌면 우리는 사이의 존재여서 언제나 두 세계 사이, 두 시간성 사이, 자기 자신이 되는 두 가지 방식 사이에 있는지도 모른다. 자리에는 사회·정치·정서적 동요가 내재함을 받아들여야 한다. 우리는 결정적으로 자리 잡기보다는 자리옮김의 상태 속에 있는 것이다. 어떤 사람들은 이렇게 자리 없이 사이에 존재하는 상태를 불안정한 균형, 취약성으로 생각할 것이다. 그러나 결코 제자리에 머물지 않고 여러 언어와 문화, 존재 방식 사이를 넘나드는 것이야말로 불화하는 자들의 강점이 아닐까? 변동성과 유연성, 타자가 되는 능력이야말로 진정으로 우리를 자유롭게 하지 않을까?

은밀한 열정이나 격렬한 복수심이 한 사람을 뒤흔들고 밀어붙이는데도 그를 온통 사로잡은 내면의 폭풍에 대해 눈치채지 못할 때가 있다. 그가 겪는 동요, 다른 존재가 되어 다른 곳에 있고자 하는 욕구에 대해 아무것도 알지 못하는 것이다. 감정의 표류, 혼란, 내밀한 비틀거림, 욕망이 만들어 내는 무질서와 실존적 급변은 고정된 주체의 불가능성을 드러낸다. 타자의 현전은 끊임없이 우리를 흔들어 놓고, 흐트러뜨리고, 균형을 잃게 한다. 강렬한 열정에 사로잡히고 흘러넘치는 정념에 굴복하는 것은 상실과 파괴의 위험을 무릅쓰는 일이다. 우리를 휩쓸고 지나가는 감정의 회오

---

8 Henri Michaux, *L'infini turbulent*, Gallimard, Poésie/Gallimard, 1994, p. 10.

리가 과거를 하나도 남기지 않고 지워 버리는 것, 내적 자리 옮김의 도박은 이러한 위험을 감수하며, 때로는 그것을 은밀한 목표로 삼기도 한다. 내면의 이동은 대가를 치른다.

척도를 넘어서는 과도함, 비밀스러운 떨림, 우리를 휩쓸어 버릴 것 같은 충격으로부터 보호해 줄 피난처가 되어 주는 자리를 찾는 사람들도 있다. 이 경우 바리케이드를 쌓는 것은 우리 자신이다. 우리는 우리가 머무는 장소에 이미 익숙하다. 그곳에 자신을 맞추었고 순응했기 때문이다. 우리는 정착한 삶, 정체된 삶에 길들여 있다. 실존은 그곳에 얼어붙었고, 우리는 그것을 안정적이라고 생각한다. 이제 실존은 움직임 없는 것이 되며, 우리는 그 항구성에 기뻐하고 즐거워한다.

"오래전에 우리는 이동하는 습관을, 우리가 그 일로 고통받지 않도록 자유롭게 이동하는 습관을 가져야 했다. 하지만 우리는 그러지 않았다. 우리는 우리가 있던 곳에 남았다. 사물들도 있던 그대로 남았다. (…) 우리는 우리가 있는 곳이 바로 그곳이라고 믿기 시작했다."[9]

페렉은 우리가 이동하는 법을 잊어버렸다고 말한다. 우리는 평온함과 친숙함 속에 웅크린 채 그에 안주했다. 불안을 단단한 토대와 맞바꾸었다. 어쩌면 실제로는 무너지기 쉬운 이 균형을 과대평가하는지도 모르겠지만, 그럼에도 정착을 향한 강한 열망은 남아 있을 수밖에 없다. 미쇼는 묻는다. "어디에 머리를 뉘일 것인가?"[10] 이 질문을 제목으로 삼은 우울한 시에서 대지는 황폐하고,

---

9 Georges Perec, *Espèces d'espaces*, op. cit., p. 141. 『공간의 종류들』, 118쪽.

10 Henri Michaux, *Déplacements, dégagements*, Gallimard, L'imaginaire, 2013, p. 46.

남아 있는 것은 오직 하늘뿐이다. 그러나 그럴 때조차도 우리는 우리 안에서 자리를 찾으려 한다. 버림받은 자신의 몸 안에서 살아나가고, 다른 누군가를 위한 자리와 고치를 만들기도 하면서 우리는 스스로 하나의 자리, 쉼터, 피난처, 안전 기지가 되고자 한다. 환대하고 돌보는 것은 누군가에게 자리를 만들어 주는 또 하나의 방법이다.

정서적이고 우호적인 관계나 가족 관계는 움직이는 별자리와 같다. 그리하여 기쁜 일이나 슬픈 일이 벌어지고, 관계가 구성되거나 재구성되고, 서로 의존하거나 거리를 두는 등 어떤 일이 벌어지는지에 따라 상호적인 자리 게임은 끊임없이 갱신된다. 비어 있는 어떤 자리들은 기억의 장소가 된다. 간절히 원하는 어떤 자리가 있다면, 우리는 나중에 다른 방식으로 그 자리를 차지하기 위해 노력할 것이다. 자리의 문제는 되갚음, 보상, 화해의 문제이기도 하다. 자리의 공백이 고통의 원천이 되는 관계, 타인이나 자기 자신, 또는 구멍 난 역사와의 관계에서 말이다. 우리가 언제나 빈 공간을 채우는 것은 아니다. 하지만 우리는 여백에 기록하기도 한다. 본문과 나란히 가장자리에 기록된 것은 의미의 개인적인 재전유, 성찰, 권위로부터 거리 두기가 이루어지는 공간이다. 가장자리에 기록하는 것은 자신의 목소리를 내는 일로, 언젠가 여백에서만 자신을 주장하던 그 목소리가 텍스트의 심장부를 구성하는 날이 찾아올지도 모른다.

도마뱀 놀이,
볕 드는 자리에서 빈둥대기

나는 그 도마뱀을 바라보는 중이다. 녀석은 우리가 나눠 쓰는 이 장소로 늘 되돌아오곤 한다. 그와 나는 지금 한낮의 햇살이 데워 놓은 하얀 포석 위에 자리 잡는다. 그는 완벽한 부동자세다. 우리 둘은 온기가 우리를 감싸도록 내버려둔다. 그와 나, 우리는 빈둥대는 중이다.[11] 우리는 눈까지 감고 따스한 빛을 즐기기만 할 뿐 다른 어떤 일도 하지 않는다. 우리는 여기 존재하는 것만으로도 충분히 만족스럽다. 하지만 내가 이 순간을 경험하는 방식이 괄호 안에 집어넣은 삽입구와 같은 데 비해, 도마뱀은 자기와의 순수한 일치 속에서 완벽하게 그 자신으로 존재하는 중이다. 빈둥대는 것이 도마뱀의 일이므로 Le lézard lézarde. 그 누가 이토록 완벽하게 자신의 정체성과 결합할 수 있을까? 그 누가 이토록 단순하게 자기 자신과 일치할 수 있을까? 그런데 이것은 동물의 특권일까, 아니면 그들 존재의 "빈곤"의 증거라 해야 할까? 그리 끌리지 않는 제목이긴 하지만, 하이데거 역시 『형이상학의 근본개념들』[12]에서 도마뱀에 대해 질문을 제기한다. 그는 인간과 도마뱀을 나란히 놓기를 거부한다. 도마뱀이 햇볕에 몸을 데우는 것이 우리와 같은 방식은 아니라는 것이다. 우리는 햇볕 아래에서 그저 한 줄기 햇살을 즐길

---

11 볕을 쬐며 빈둥대는 것을 의미하는 프랑스어 동사 lézarder는 도마뱀을 의미하는 lézard에서 파생되었다. —옮긴이.

12 Martin Heidegger, "인간만이 하나의 세계를 가진다", in *Les concepts fondamentaux de la métaphysique*(1929), Gallimard, 1983, §47, p. 294-295. 마르틴 하이데거, 『형이상학의 근본개념들』, 이기상·강태성 옮김, 까치, 2001, §47, 325-329쪽.

수도 있지만, 천체물리학적 질문을 던지는 데까지 나아갈 수도 있다. 그러나 도마뱀은 갇혀 있는 포로와도 같이 오로지 한 가지 방식으로만 태양과 관계 맺는다. "마치 일종의 넓어지지도 좁혀지지도 않는 통 속에서처럼" 동물은 자신의 환경에 갇힌 채 "세계 빈곤 속에"[13] 존재한다. 어떤 측면에서 보면, 이처럼 단순한 삶 속에서 "제자리에 존재한다는 것être à sa place"은 축소된 세계의 제한된 실존에 만족하는 것이며, 몸짓, 태도, 행동의 제한된 범위 안에서 세계와 관계 맺도록 강요받는 것이다. 빈둥대는 삶의 유토피아적 이미지에 균열이 생긴다. 우리는 몇몇 철학자들과 의견을 같이할 수도 있을 것이다. 인간의 행운은 사전에 결정된 세계에 살지 않고 타자의 세계를 이해하기 위해 자신의 환경 바깥으로 이동할 수 있는 능력, 바로 거기에 있다고 말이다. 햇살 아래 우리의 자리는 늘 일시적이고, 그림자는 종일 그 모습을 바꾸며, 인간은 동물 대부분과 달리 언제나 다른 태양에 이끌린다. 그런 점에서 우리는 뿌리내리기보다는 이주하는 존재에 가까운지도 모른다.

    햇볕이 내리쬐는 테라스의 이 자리는 내가 가장 좋아하는 장소 중 하나다. 그렇지만 지금 이 순간, 나는 나이길 중단한 듯한 상태다. 이 장소는 나에 관해 어떤 구체적인 것도 말해 주지 않으며, 나를 다른 사람들과 구별시켜 주는 특별한 규정들에 대해서도 침묵한다. 내가 이 공간에서 기대하는 것은 뿌리내림이 아니라 순간적으로나마 나 자신으로부터 해방되어 자유로워지는 것, 예측되는 생각과 행동의 흐름에서 벗어나는 것이다. 나는 이곳이 정지된 장소이자 초연함의 오아시스, 나를 잊고 배경 속에 녹아들 수 있는

---

13 *Ibid.*.

곳이 되어 주길 기대한다.

    우리를 하나의 존재로 모으고 통합하기 위해서는 방, 집, 난롯가, 숲, 자연처럼 구체적인 장소와 공간에 의존해야 할까? 분명 "자리"의 관점에서 생각할 수 있는 장소들이 있다. 그곳은 마치 어떤 존재론적인 힘을 지닌 것처럼 우리가 다시 중심을 잡을 수 있게 하며, 우리 자신이 누구인지 드러내 보여 준다. 그렇다면 그것은 그 장소들이 외부 세계로부터 우리를 보호하고 어떤 진정성을 확보해 주는 요새인 "잘 지켜지는 보호구역"[14] 역할을 하기 때문일까? 이 장소가 손에 잡힐 듯 구체적인 역사와 계보 속에 우리를 기입해 넣기 때문일까? 이런 점에서 공간에 대한 성찰은 단순히 미학적이거나 실용적인 고찰 이상의 의미를 지닌다. 공간과 맺는 관계는 정체성에 관한 철학적 문제이기도 하다. 공간을 건설하거나 파괴하는 일은 실존적 여정의 궤적을 그려 나가는 것을 가능하게 하거나 방해한다는 의미이기도 하다. 장소들은 순진무구하지 않다. 장소들은 어떠한 상호작용을 허용하거나 금지함으로써 나를 내 자리 안에 가두며, 내가 점유할 수 있는 자리들을 가시화한다.

    우리는 중립적인 빈 공간에 살고 있지 않다. 공간은 무엇이든 쓸 수 있는 커다란 빈 페이지가 아니다. 우리는 공간이라는 틀에 우리를 맞추며, 공간의 분위기, 색채, 질서 또는 무질서에 영향을 받는다. 우리는 공간이 이동하고, 변형되고, 우리를 뒤흔들어 놓음에 따라 혼란에 빠지거나 자극을 받기도 하며, 자리를 잡거나 자리를 옮기기도 한다. 우리가 있는 장소는 무관심하지 않다. 그것은

---

14 Gaston Bachelard, *La poétique de l'espace*, PUF, coll. "Quadrige", 1992, p. 45. 가스통 바슐라르, 『공간의 시학』, 곽광수 옮김, 동문선, 2023, 132쪽.

우리에게 흔적을 남기고, 보이지 않는 홈을 패어 놓는다. 땅 냄새, 바람 세기, 쏟아지는 햇살처럼 우리를 둘러싼 자연의 에너지와 무게는 우리 안에서 솟아나는 충동을 키우거나 억제한다. 우리는 암묵적으로 영역의 논리, 소속의 논리로 구조화된 공간들 안에서 제자리를 찾아내야 한다. 공간은 은신처, 탈출구, 안전지대를 제공해 주기도 하지만, 우리를 엄혹한 곳에 노출시키고, 억압하고, 단죄할 수도 있다. 자리는 단순한 장소 이상이다. 자리는 나를 위해 파고 들어가는 참호이며, 구석진 곳에 있는 나만의 장소다.

모든 사람은 자기만의 집을 추구한다. 집에 있을 때 우리는 깊이 생각할 것 없이 눈을 감고도 움직일 수 있다. 우리 몸이 길을 알기 때문이다. 어두운 밤이 와도 불을 켜지 않고 지낼 수 있다. 어둠 속에서도 부딪히지 않는 안전한 곳, 잠과 비밀을 지켜 주는 친숙한 곳, 조금 유치하게 들릴지도 모르겠지만 우리는 집을 이러한 곳으로 여긴다. 우리는 우리를 둘러싸고 하나로 묶어 주는 거의 모성적인 장소를 찾고자 한다.

"집은 인간 삶에서 우연적인 것들을 제거해 주며, 지속하는 법의 조언을 수다히 들려준다. 집이 없다면, 인간의 존재는 산산이 흩어져 버릴 것이다."[15]

우리가 록다운과 자가 격리를 경험하고 난 이래로 장소 문제는 다시금 우리의 중심에 놓였다. 인간이 자신을 기술에 의해 해방된 유목민으로 상상하던 바로 그때, 오두막, 둥지, 환대의 공간, 원기를 회복시켜 주는 보금자리 등 다른 삶의 방식을 제안하는 장소를 다시 꿈꾸게 된 것이다. 장소, 자리, 공간의 문제는 아직 시효

---

15 *Ibid.*, p. 26. 국역본, 95쪽.

를 다하지 않았다. 우리는 "머물 곳résidence"을 찾는다. 그런데 이 단어의 어원에서 알 수 있듯 머문다는 것은 무엇보다도 운동mouvement을 멈춘다는 의미다. 라틴어 residere는 움직이거나 서 있으려는 노력을 끝내고 앉는다는 것을 의미한다. 이는 편력과 자리옮김을 중단하고 멈추어 정착하는 것, 움직이는 상태이길 그만둔다는 의미다. 그러나 이는 동시에 하강, 높은 곳에서 낮은 곳으로 이동하는 것, 자세를 낮추어 자리 잡고 앉는 것을 뜻하기도 한다. 라틴어 residere는 산이 무너져 내리고, 파도가 잔잔해지고, 불길이 잦아들고, 바람이 약해지는 것을 묘사할 때도 쓰인다. 그러므로 거주한다는 것은 보다 차분하게 누그러진 방식으로 존재한다는 의미다. 운동하는 삶의 격렬함과 충동, 강렬함을 잃어버린다는 의미기도 하다. 그렇다면 우리는 팽이와 같이 제자리에 머물러 있거나 아주 조금만 이동하는 움직임을 만들어야 할까? 우리는 이처럼 소용돌이치는 에너지의 불안정한 균형 속에서 자기만의 공간에 대한 열망과 운동의 생명력을 결합하는 데 성공할 수 있을까?

미셸 푸코가 "장소의 문제la problème de la place"를 언급하며 환기시키듯 공간은 중립적이지 않다. 공간은 특성 없이 존재하지 않는다. 그리하여 푸코는 "우리는 동질의 텅 빈 공간에 사는 것이 아니라, 다양한 질로 충전된 공간, 나아가 환영이 깃들 수 있는 공간에서 살아간다"[16]라고 말한다. 다시 말해, 우리는 우리를 둘러싼 현실적이고 물질적이며 역사적인 세계에 무관심한 채로 살아가지 않는다. 공간에는 기대와 소망이 깃들어 있고, 유령이 들러붙어 있

---

16 Michel Foucault, *Des espaces autres, in Dits et écrits*, t. IV:1980-1988, Gallimard, 1994, texte n° 360, p. 754. 미셸 푸코, 『헤테로토피아』, 이상길 옮김, 문학과지성사, 2014.

다. 장소에는 과거의 순간, 기억의 파편들이 서려 있다. 가능한 미래도 상징한다. 욕망이나 혐오감을 불러일으키기도, 우리를 매료시키고 불안하게 하기도 한다. 내가 굴복하는 공간, 내가 통과하는 공간은 내면의 문신처럼 조금씩 흔적을 남긴다. 어린 시절의 소리, 향기, 냄새들처럼 말이다.

그러나 우리는 육중한 과거의 유령이 들러붙은 집이 자아내는 근심과 악몽도 안다. 때로는 집을 잃은 채 어디에 몸을 뉘여야 할지 몰라 번민하기도 한다. 지붕이 손상되거나 은밀한 폭력이 끓어올라 내 위로 집이 무너져 내리고, 그것이 나를 내부에서부터 파괴할까 봐 두려워할 때도 있다. 내 안에서 집이 와해될 때도 있다. 이 경우 집의 붕괴는 곧 나 자신의 붕괴다.

"우리 삶의 공간은 연속적이지도 무한하지도 않고, 균질하지도 일정하지도 않다. 그런데 우리는 그것이 어디서 끊어지고 어디서 구부러지는지, 어디서 단절되고 어디서 합쳐지는지 정확히 알까?"[17]

동화 속에서 집은 짚이나 나무, 벽돌로 얼기설기 지어지며, 안전하기도 그렇지 못하기도 하다. 얇은 벽은 삶의 위태로움을 상징한다. 과자로 만든 집은 역으로 우리가 잡아먹힐 수 있다. 아이들을 위한 이야기책에 이따금 등장하는 구름으로 만든 집은 가벼움과 부드러움을 향한 꿈을 나타낸다. 우리는 나무 위에 집을 짓기도 하고, 바닷속이나 거대한 튤립 속 집[18]을 상상하기도 한다. 우리

---

17 Georges Perec, *Espèces d'espaces*, *op.cit.*, 출판사의 보도자료.

18 Michel Butor, *Chacun son cadeau*, illustrations de Takushi Kitada, Le Vert Paradis, Hachette, 1977.

는 항상 다른 집, 더 이상 부딪히지 않고 우리를 감싸줄 집을 꿈꾸며, 최초의 고치의 기억을 꿈꾼다. 그러나 우리는 에르빈 부름의 집[19]처럼 지나치게 유연한 벽을 지닌 말랑말랑한 집이나, 빈의 훈데르트바서[20]가 고안해 낸 것처럼 불규칙하고 모서리가 둥글어서 바닥이 흔들리고 벽이 일정하지 않은 건물이 자아내는 고뇌에 대해서도 말할 수 있다. 발걸음을 조심하지 않고서는 움직이기 어려운 그곳에서 우리는 혼란스럽고 불규칙한 삶의 불안을 몸소 체험할 수 있다. 우리는 비틀거리고, 신경이 잔뜩 곤두선 채로 경계 태세를 취한다.

그렇다면 나만의 자리를 꿈꾼다는 것은 무엇일까? 자기만의 장소, 적응할 수 있는 질서, 확고한 자리들이 있는 안전한 현실을 꿈꾼다는 것일까? 나의 존재를 문제 삼지 않는 곳, 길을 잃을 일이 없는 곳, 친숙함이 우리의 실존을 편안하게 해주는 곳을 찾는다는 것일까? 그러나 우리는 친숙함의 양면성을 안다. 그것은 차이의 결핍, 반복, 변화 없는 정체성으로 우리를 메마르고 빈곤한 존재로 만들 수 있기 때문이다. 우리는 순응의 안락함과 안정의 환상에 속아 넘어가기도 한다. 그러므로 명확하게 대립되는 두 가지 도식이 존재한다고 해야 할 것이다. 하나는 우리 정체성의 초석이자 기반이라 여겨지는 현실·상징적 장소들의 도식이다. 여기서 우리는 자신을 하나의 계보, 뿌리 속에 있다고 여기며, 좌표를 잡고 안심시켜 주는 소유물을 지닌다고 여긴다. 반대로 우리는 앙리 미쇼가

---

[19] 오스트리아 출신의 예술가 에르빈 부름이 만든 설치미술 작품 〈뚱뚱한 집fat house〉을 의미한다. ─ 옮긴이.

[20] 오스트리아의 건축가로, 이 글에서 언급되는 훈데르트바서 하우스Hundertwasser House로 유명하다. ─ 옮긴이.

그랬던 것처럼 제 소유물에서 자신을 알아보지 못할 수도 있고, 짐도 집착도 없는 가벼운 여행자가 될 수도 있다. 그것은 실존 안에서 유목민으로 살아가는 것이다.[21] 하지만 거기에는 가스통 바슐라르의 적절한 지적처럼 "바깥에 갇힐" 위험성도 있다. 그의 말처럼 때때로 "감옥은 바깥에 있"기 때문이다.[22]

---

21 Henri Michaux, "Mes propriétés", *La Nuit remue*, Gallimard, Poésie/Gallimard, 2001, p.95.

22 Gaston Bachelard, *La poétique de l'espace*, *op.cit.*, p.194. 『공간의 시학』, 424쪽.

"모든 것이 제자리에 있고"

"바로 이런 순간에 나는 원상태 그대로 손 닿은 흔적이 없는 작업 계획을 머릿속으로 세워 보는 것이다. 물건은 예외 없이 제자리에 놓여 있고, 넘치는 것도 모자란 것도 없고, 연필은 다 말끔하게 깎여 있다."
— 조르주 페렉, 『생각하기/분류하기』

우리는 어떤 논리에 따라 공간과 삶을 점유하게 될까? 한곳에 자리를 차지하는 것들은 무슨 예기치 못한 사건과 우연으로 거기 있게 되었을까? 책상 위에 놓여 있는 사물들, 우리 삶에 머무는 사람들은 모두 결국에는 어느 정도 우연에 의해 그곳에 있게 된 게 아닐까?

잘 정돈된 세계에서는 모든 것이 제자리에 있다고 여겨진다. 그렇다면 우리 역시 제자리를 찾을 수 있는 존재일까? 사물들에게도 정말 제자리가 있을까? 제자리가 존재한다는 생각은 어쩌면 삶이 불확실성 속에서 부유할 때 우리를 안심시키기 위해 고안된 것일지도 모른다. 실제로 질서 정연하게 정리하고 분류하는 일은 우리가 막대한 무질서와 의미의 부재, 삶의 부조리와 맞서 싸울 때 미약하나마 하나의 방편이 되어 준다. 페렉이 『생각하기/분류하기』에서 말한 것처럼 우리는 "자리를 정돈"하려고 한다. 책상을 깔끔하게 정돈할 수 있는 것처럼, 우리는 인생도 정돈할 수 있기를 바란다.

"이렇게 내 자리 정돈을 무턱대고 하는 일은 드물다. 대개 때마침 작업을 시작하거나 끝낼 때 하게 되는데, 딱히 정해지지 않은 어중간한 하루 중에, 그러니까 책상에 계속 앉아 있어야 할지 말지도 잘 모르겠는 때나 정렬, 정돈, 배열과도 같이 혼자서 하는 자성적인 일들에 매달리게 되는 때다. 바로 이런 순간에 나는 원상태 그대로 손 닿은 흔적이 없는 작업 계획을 머릿속으로 세워 보는 것이다. 물건은 예외 없이 제자리에 놓여 있고, 넘치는 것도 모자란 것도 없고, 연필은 다 말끔하게 깎여 있고 (…) 종이 한 장 없이 단지 백지가 보이게 펼쳐진 노트 한 권만 있는 그런 상태에서 말이다."[23]

우리가 꿈꾸는 질서 속에서 물건은 예외 없이 제자리에 있고 우리 자신도 제자리에 있다. 이러한 질서가 주어지면 백지 위에서 새로운 아이디어가 떠오르듯 가능성이 솟아날 것이다. 그러나 현실의 삶은 현실의 작업용 책상과 마찬가지다. 어쩌다 보니, 혹은 잠깐의 필요로 가까이에 놓아둔 물건들이 자리를 차지하게 되면, 책상은 금세 어수선해진다.

정리는 왜 그렇게 어려울까? 그건 아마 우리가 으레 생각하는 것과 달리 모든 것에는 하나의 확실한 자리가 아니라 여러 가능한 자리들이 존재하기 때문일 것이다. 우리 집의 물건들은 말썽꾸러기 아이들처럼 제자리에 있지 않고 늘 여기저기 흩어져 있다. 물건의 위치가 항상 명백한 것도 아니다. 나는 사물을 분류하고 제자리에 다시 정돈할 때마다 막대한 에너지를 소모하게 된다. 물건을 정

---

23 Georges Perec, *Penser/Classer*, Seuil, Points, 2003, p. 18. 조르주 페렉, 『생각하기/분류하기』, 이충훈 옮김, 문학동네, 2015. 20쪽.

리하는 방식에는 여러 가지가 있다. 우리는 찬장을 정리하기도 하고, 서류를 분류하기도 하며, 서가를 정리하기도 한다. 실용적인 측면을 우위에 둘 수도 있겠지만, 그것만으로는 문제가 해소되지 않는다. 왜냐하면 자리는 자명하지 않기 때문이다. 그것은 사물의 자리든 사람의 자리든 마찬가지다. 물론 사람의 경우 적어도 이론적으로는 지위나 역할, 나와의 관계에 따라 자리가 이미 규정되기도 한다. 나의 "세계"에서 자매, 상사, 친구, 이웃들에게 자리를 부여한 것은 출생이라는 우연, 환경, 사회적 조건 등의 요소였다. 그 중 어떤 자리들은 중심부에 있는 지속적인 것이지만, 어떤 자리들은 일시적이고 우연적인 것이어서 쉽게 꺼진다.

    이러한 질서는 임시적이고 전복되기 쉽다. 그럼에도 일상을 정돈시켜 주는 습관이 필요한 것처럼 우리에게는 질서가 필요하다. 그런데 정신분석학자 J.-B. 퐁탈리스에 따르면 질서는 우리를 안심시켜 주는 측면과 압도하는 측면을 모두 갖는다.[24] 제자리에 머무는 것은 움직이지 않는 것이기도 하다. 우리가 유지하는 자리는 우리를 어떤 연속성 안에 있게 하지만, 우리 내면의 충동을 꺾어 놓을 수도 있다. 그럴 때 우리는 조금이나마 위반을 저지르고 싶다는 유혹을 느낀다. 우리는 방chambre이라는 한계 안에서 무질서를 흩뿌린다. 아이건 어른이건 할 것 없이, 우리는 일상에 신선

---

    24 J.-B. Pontalis, *L'amour des commencements*, in *Œuvres littéraires*, *op.cit*, p. 1666: "친숙한 것, 원래 그러한 것, 움직이지 않는 것, 우리가 놓아둔 그대로 제자리에 남아 있는 것…… 하지만 제자리에 남아 있는 모든 것이 그러한 것은 아니다. 왜냐하면 부동성은 양면성을 지니기 때문이다. 하나는 (…) 연속성을 보장한다는 점에서 위안을 주는 측면이다. 그러나 동시에 그것은 우리를 짓누르는 측면도 지닌다. 우리가 남긴 잔해들의 잔해, 한때 살아 있었던 것의 끝없는 낙진."

함을 불러오는 즐거운 소동chambardement의 한계를 시험한다. 우리는 "[자기] 방의 비좁은 한계 안에서 세계를 뒤집는다."25 마치 우리가 어떤 자리에 머문다고 해서 그 자리가 우리를 소유하게 되는 것은 아니라는 사실을 자신에게 납득시키려는 듯 말이다.

실제로 자리가 우리를 제약하여 더 이상 자신과 상관없는 경직된 정체성 안에 가두려고 할 때가 있다. 익숙한 이 자리가 여전히 나에 대해 진실한 무언가를 말할까? 그것은 예전의 나에 대한 기억에 불과한 것은 아닐까? 어른이 되어서도 유아용 식탁에 앉아야 하는 것이 기분 나쁘지 않을(혹은 은근히 즐기지 않을) 사람이 있을까? 어느 가족, 어떤 사회적 상황 속에 있든 그 자리는 여전히 내 자리일까, 아니면 더 이상 내가 아닌 다른 사람의 자리일까?

우리는 반복적이고 습관적인 자리에 안도하면서도, 동시에 그 질서에 갇힌다는 생각으로 불안해한다.26 우리는 정체되어 있다는 생각에 불만을 품기도 하지만, 질서가 흔들리면 자신마저 흔들리게 될까 봐 걱정하기도 한다. 우리가 세계의 질서와 맺는 관계, 우리가 각자의 자리와 맺는 관계의 이러한 양면성은 우리가 실존 안에서 진동하는 이유, 우리가 사는 현실적이고 상징적인 장소들에 대해 주저하는 이유를 설명해 준다. 그리하여 우리는 지리적 장소의 변화가 내적인 자리 옮김, 내밀한 변화를 일으키고, 그것을 확실하게 구체화해 주길 기대한다.

그러나 질서는 나를 분류 속에 가두기도 하지만 분류 너머를

25 *Ibid.*

26 *Ibid.*, p. 187-188 : "사람들이 모두 제자리에 있지 않고, 꽃들이 화단을 벗어나고, 선생님들이 강단을 떠나면, 나는 흔들리기 시작하고 내가 어디에 있는 것인지 더 이상 알 수 없게 된다. 이러한 질서, 반복, 제약을 요구했던 것은 바로 나였다."

향하게 하기도 한다. 우리는 자리가 행동을 미리 규정하고 결정짓는 것을 경계한다. "제자리에 있으라"는 명령은 보통 기성의 질서나 위계, 지배 권력을 뒤흔들겠다고 위협하는 사람에게 쓰인다. 우리가 누군가에게 제자리에 있으라고 명하는 까닭은 그를 부차적이고 비주류인 하위 장소에 가두려고 하기 때문이다. 그런 식으로 우리는 부부, 가족, 직장의 위계질서 내에서 아내나 아이, 고용인, 노동자의 입에 재갈을 물릴 수 있다. 제자리에 있으라는 것은 침묵하라는 의미며, 우리가 이해해서는 안 되는 것, "보아서는" 안 되는 것에 대해 말하지 말라는 의미다. 우리가 제자리에 있으라고 명령하는 사람들은 이미 다른 곳을 보기 시작한 사람들, 즉 주방과 생산라인, 작업장 너머로 시선을 돌린 사람들이다.

모든 것이 제자리에 있는 세계를 상상해 볼 수야 있겠지만, 모든 자리가 미리 정해져 있는 세계는 경계해야 한다. 페렉은 분류법과 고정된 질서, 자리 지정이 지닌 폭력성을 강조한다. "어떤 유토피아든 그 이면에는 항상 엄청난 분류의 의도가 숨어 있다. 모든 것에 제자리가 있고 각각이 그 자리를 지킨다는 것이다."[27] 분류하기와 분류 너머를 향하기, 자리 옮기기와 새로운 자리 금지하기. 새로운 자리가 열어 주는 역동성과 교류, 만남들. 이것과 저것의 선이 교차하는 일이 없도록 구분하고 분리하기. "모든 것에는 제자리가 있다"라는 생각은 점차 염려스러운 것이 되어 간다. 자리 배치mise en place를 생각하는 일은 모두에게 고정된 자리를 할당한다는 것이며, 낡은 자연사박물관에서처럼 상자 안에 가두고 라벨을 붙여 벽에 고정하는 것이다. 또한 자리를 재분배하는 일의 불가

---

27 Georges Perec, *Penser/Classer*, op. cit., p. 155. 『생각하기/분류하기』, 131쪽.

능성을 상정하는 것이기도 하다. 페렉의 말처럼, "모든 것이 제자리에 있다"는 것은 우발성과 차이가 끼어들 여지를 남겨 두지 않는다는 의미다.[28]

이렇듯 핀으로 고정시켜 놓은 세계에서는 놀랍거나 예기치 못한 일을 위한 자리가 없다. 공간을 통제하고, 공간에서 전개되는 활동을 통제하고, 활동에 참여하는 몸짓을 통제하는 등 유토피아를 향한 욕망에는 질서에 대한 욕구가 잠재되어 있다. 우리가 분류하는 이유는 현실에서 통제할 수 없는 것을 통제하기 위해, 또는 통제할 수 있다고 믿기 위해서다. 유토피아에서 우리는 자리에 관한 모든 것을 사전에 사유할 수 있다고 상상한다. 그러나 자리의 본질은 끊임없이 움직이고 옮겨지는 것에 있으며, 자리에 정착할 수 있다고 믿는 바로 그 사람을 옮겨 놓는 것에 있다.

이처럼 질서 정연하고 계획된 세계에서는 나에게 귀속된 자리가 나의 인격이나 가치도 반영한다고 착각할 수 있다. 그러나 그러한 질서는 오히려 각자의 고유성을 사라지게 하는 결과를 초래할 것이다. 촘촘하게 짜인 세계를 상상한다는 것은, 그 어떤 것도 그 누구도 예측 불가능하지 않고 분류 불가능하지 않으며 진실로 자유롭지 않다고 주장하는 것이며, 종국에는 자기만의 특색이 희석되고 개인의 정체성이 사라진 채 단 하나의 목록, 하나의 계열 안에 기입될 수 있다고 주장하는 것이다. "어떤 목록에도 들어갈 수 없을 만큼 유일무이한 것은 세상에 없다"는 생각을 받아들이는

---

[28] *Ibid.*, p. 155 : "유토피아치고 따분하지 않은 것은 없다. 우연, 차이, '다양성'에 마련된 자리가 그곳에는 없기 때문이다. 모든 것이 질서 정연하며, 질서의 통제를 받는다." 국역본, 130쪽.

것은, 페렉의 표현을 빌리자면, "흥미로우면서도 동시에 소름 끼치는"[29] 일이다.

어원학적으로 보았을 때 목록이라는 단어는 경계 la bordure를 의미한다. 목록을 작성함으로써 우리는 세상에 경계를 긋고, 틀을 만들고, 사물과 존재에 질서를 부여하여 그 틀 밖으로 흘러넘치지 않게 한다. 우리는 경계를 그으면서 현실을 지배한다는 느낌, 현실의 조직적 구성에 관한 가능성을 지배한다는 느낌을 받는다. 그러나 목록은 전부 하나의 관점에 지나지 않는다. 모든 목록은 하나의 특수한 위계질서, 우선순위, 암묵적 가치를 설정하기 때문이다. 모든 목록은 우리를 분류와 위계, "서열"의 폭력, 즉 나의 자리를 지정하고 나의 가치를 의미한다고 주장하는 숫자의 폭력에 노출시킨다. 보다 느리고 미묘한 질에 대해 인식하지 못하게 하는 양적 논리의 폭력. 그러한 세계에서 우리는 매 순간 우리가 분류되고 있음을 알게 되고, 일렬로 정렬된 어느 목록에 올라간 우리 이름을 보게 된다. 사전에 낙인찍고 단죄하는 주체가 누구인지도 모른 채 말이다.

나는 목록에서 내 이름을 찾는다. 드디어 내 이름이 보인다. 나는 내가 목록에 있고, 목록 중 일부이며, 새 자리를 차지하는 데 성공한 사람들의 일원일 수 있어서 안도한다. 그러나 거기 기입되기 위해서는 어떠한 왜곡이 필요했을까? 어떠한 가식, 부자연스러운 연기, 책략이 필요했을까? 차라리 "목록에 올릴 수 없는" 존재가 되길 꿈꾸는 게 낫지 않을까? 목록은 우리에게 존재의 유일성에 대한 질문을 제기한다. 나는 이 돈 주앙의 리스트에 오른 것이

---

29 *Ibid.*, p. 166. 국역본, 139쪽.

정말 기쁜가? "치마만 두르면"[30] 모든 여자와 사랑에 빠지는 그의 끝없는 카탈로그에서 "천 하고도 세 번째"가 되는 기쁨은 어디에 있는가? "모든 신분과 모든 체형과 모든 연령대를 아우르는 여자들"의 정복 목록 중 나는 어디에 있는가? 목록에 오른다는 것, 하나의 계열에 기입된다는 것은 우리가 대체 가능하다는 것을 의미한다. 또한 그것은 하나의 질서에 포섭되는 것이기도 하다. 목록에서 여러분의 자리는 어디에 있는가? 첫 번째인가, 마지막인가? 첫 번째가 되었으면 하는 목록은 무엇인가? 가장 마지막 줄에 있기에 기뻐할 목록은 무엇인가?

---

30 모차르트, 『돈 지오반니』, 아리아 4번, 「카탈로그의 아리아」

탈주하기

우리는 제자리를 갖지 못해 고통받을 수 있다. 하지만 제자리가 오래전부터 정해진 채 우리를 기다리며, 우리는 거대한 사회적 각축장 속에서 칸 하나를 채우기 위한 존재일 뿐이라는 점에 절망할 수도 있다. 소설 『잠자는 남자』에서 페렉은 이미 모든 것이 계획되어 있어서 갈림길조차도 예측 가능해 보이는 삶의 고뇌를 표현한다. 거기서 주체는 자신이 되어야만 하는 것, 자신에게 기대되는 것에 붙잡혀 벗어나지 못한다. 사회적 조직의 관성의 힘이 사전에 선고를 내려 초월이라는 것이 존재하지 않는 비극 속에서 오로지 우리 자신만이 될 수 있도록, 다른 사람이 되는 것을 상상하지도, 레일을 벗어날 위험을 감수하지도 못하도록 한 것처럼. 페렉의 소설 속 주인공이 어느 날 아침 문득 일어나기를 거부하고 사회적 가장무도회를 중단한 채 모든 것을 그만두는 것은 바로 자동기계처럼 움직이는 삶의 양식에서 탈출하기 위함이다.

"너는 그리 오래 살지 않았지만, 그럼에도, 모든 것은 이미 정해진 것이나 다름없고, 또 벌써 끝났다. 너는 고작해야 스물다섯 살이지만, 네 갈 길은 오롯이 제 윤곽을 드러내었다. 역할이, 꼬리표가 벌써 마련되어 있는 것이다: 그러니까, 네 어린 시절의 요강에서 네 노년의 휠체어에 이르기까지, 모든 의자들이 여기 있는 것이며, 제 순서를 기다리는 것이다. 네 모험들은 너무나도 잘 서술되어, 가장 과격한 반란조차 그 누구의 눈썹도 찌푸리게 하지 않는다."[31]

모든 순간을 예측할 수 있을 때, 삶의 게임이 어떻게 플레이될지 모두 정해져 있을 때, 그럼에도 우리는 여전히 그 게임을 하고 싶을까?[32] 모든 사람에게 제자리와 제 역할을 지정하고 할당하는 구속력이 우리의 선택권을 박탈한다면, 아마도 남은 유일한 가능성은 게임을 거부하는 것, 시뮬라크르에 지나지 않는 자유를 거부하고 탈주하는 것뿐이리라. 주인공은 일어나지 않고, 시험을 치르지 않으며, "[그의] 자리는 빈 채로 있다."[33] 이처럼 우리가 자신의 실존을 더 강력하게 주장할 수 있는 것은 할당받은 장소에서 사회의 짜임에 완벽하게 순응할 때보다는 탈주하고 눈에 띄게 부재할 때인 것으로 보인다. 소설 속 화자가 말하듯, "너는 오히려 퍼즐의 빠진 조각이 되고 싶어 한다."[34]

그 정도로 자리가 미리 규정되어 있을 때, 내 실존의 그림이 가장 세세한 윤곽까지 미리 그려져 있을 때, 나를 가시화하기 위해 할 수 있는 일은 부재밖에 없다. 나와 어울리지 않는 자리에 저항하고 자신의 힘으로 존재하기 위해서는, 다른 자리를 요청하기 위해서는, 역설적이게도 자신을 지워 버리거나 사라지는 것이 최후의 방편인 것이다.

숨바꼭질하면서 너무 오래 숨어 있는 아이들, 한나절 혹은 며칠간 가출하는 십 대들, 흔적도 없이 사라지는 어른들은 제자리로

---

31 Georges Perec, *Un homme qui dort*, Gallimard, Folio, 1990, p. 43. 조르주 페렉, 『잠자는 남자』, 조재룡 옮김, 문학동네, 2013, 38쪽.

32 *Ibid.*, p. 44. 국역본, 38쪽, "모든 것은 예견되어 있고, 아주 세세한 부분까지 온갖 절차들이 마련되어 있다고나 해야 할까: 심장의 거대한 격분, 냉혹한 아이러니, 찢어지는 고통, 충만함, 이국풍, 대단한 모험, 절망 따위 말이다."

33 *Ibid.*, p. 20. 국역본, 19쪽.

34 *Ibid.*, p. 45. 국역본, 39쪽.

부터 벗어나고 싶은 자신의 욕망을 뭐라고 설명할까? 예상 밖의 장소에서 다른 장소에 대한 두려움, 고독에 대한 두려움을 직면하는 경험은 원환 밖으로 일탈하거나 일상적 장소의 변두리로 이동하도록 동기부여를 해준다. 그러나 우리가 하나의 자리를 떠나는 이유는 숨이 막혀서, 기존의 자리가 새로운 실존, 정체성과 맞지 않아 다른 자리를 시험해 보기 위해서이기도 하다. 자리의 유희는 자신을 소멸시키는 문제로 그치지 않는다. 이는 미지의 어떤 것을 우리에게 알려줄 다른 장소의 가능성과 유희하는 문제이기도 하다.

페렉의 소설에서 "잠자는 남자"는 천장에 난 작은 균열과 금이 간 벽거울에 비친 자신의 조각난 얼굴을 관찰한다.[35] 그의 마음속에서 무언가가 부서진다. 금이 간 것은 우리에게 각자 자신의 정체성을 규정하는 하나의 자리가 있다는 친숙하고 오랜 확신이다. 경험과 역사가 가르쳐 주는 바에 따르면 우리가 차지하는 자리는 우연적이고 불안정할 뿐이다. 텍스트의 실마리를 잃어버려 더 이상 읽을 수 없게 된 잠자는 남자는 문득 삶을 이어 주는 끈이 얼마나 취약한지 깨닫고, 소위 실존의 연속성에 의문을 품기 시작한다. 부조리는 "지나치게 무더웠던 오월 어느 날" "지나치게 뜨거운 네스카페 한 잔"이 계기가 되어 그의 앞에 불쑥 솟아난다. 페렉의 말처럼, 무언가가 깨지고, 변질되고, 해체되었다. 화살의 궤적과도 같이 자신감 넘치는 삶의 표상이, 자신의 존재감과 중요성에 대한

---

[35] *Ibid.*, p. 22. 국역본, 21쪽과 22쪽. 이하 인용문은 22, 23, 26쪽(국역본, 21쪽, 24쪽)에서 가져왔다.

내적인 믿음이 주는 온기가 희미해져 간다. 그러나 "세계에 속해 있다는, 그곳에 몸을 담고 있다는 느낌이 네게서 빠져나가기 시작"한다. 주체는 세상과 한 몸이길 중단하고, 그로부터 분리되고 유리된다. 거리가 생기고, 의심이 스며들며, 소속감이 자취를 감춘다. 현실에 발을 담그고, 기입되고, 참여하고 있다는 확신이 흐려진다. 실존의 의미에 대한 믿음, 확신과 인정을 제공하는 자리에 대한 믿음은 더 이상 주체를 지지하고 지탱해 주지 않는다. 세상이 흔들린다. 혹은 세상이 주체로부터 멀어진다. 주체는 궤도를 따라 돌기 시작한다.

이 소설은 기본적으로 멜랑콜리한 인물을 그리지만[36], 동시에 놀라움과 발명 없는 실존에 동의하는 일의 불가능성에 대해 치열하게 문제 제기하기도 한다. 제자리를 찾는 일이 이미 완벽하게 작성된 인생 사용법을 따르는 것에 다름 아니라면, 그러한 삶은 모든 독특성의 표현이 사전에 부정되었다는 점에서 더 이상 위안을 주지 못할 뿐만 아니라 도저히 살아낼 수 없는 어떤 것이 될 것이다. 인생이 그러한 주사위 게임이라면 움직이는 말들은 서로 완벽하게 대체될 수 있는 것이 된다. 내가 아닌 다른 학생이 경쟁에서 내 것이 될 수도 있었을 순위를 차지할 테고, 내가 만났을 수도 있었을 여성과 결혼할 테며, 내가 소유할 수도 있었을 전원주택에서 살게 될 터이다. 이처럼 전형적인 경로에서 주체는 너무나도 예상 가능한 사회적 궤적 속으로 사라져 버린다. 그의 의지에는 무엇이

---

[36] 이 점에 관해서는 다음을 참고하라. Jérôme Porée, *L'espérance mélancolique, un dialogue entre philosophie et psychiatrie sur le temps humain*, Paris, Hermann, 2020, p. 14.

남을까? 그가 진정으로 결정하는 것은 무엇일까? 페렉의 반反영웅에게 자신의 주체성을 부과할 수 있는 유일한 방법은 그 게임으로 돌아가지 않는 것, 곧 다른 누군가가 그 자리를 차지할 것이라는 사실을 받아들인 채 말이 있던 자리를 빈칸으로 남겨 두는 것이다. 이러한 탈주는 무익할까? 아마 그럴 것이다. 이는 탈선하여 경로를 벗어나는 순간 큰 대가를 치르는 사회적 결정론의 폭력을 표현하는 것이기도 하다. 우리는 차후에 "레일을 벗어나는" 순간의 "비용"에 대해 다시 생각해 볼 것이다.

 페렉의 작품에서 탈주는 거의 궤타포적인 형태를 띠지만, 다른 문학작품에서는 보다 문자 그대로의 도주로 나타난다. 수 킬로미터에 달하는 종이 위로 현대적 보헤미안, 아스팔트의 유목민들의 이야기들이 펼쳐져 있다. 왜 어떤 사람들은 한자리에 머물 수 없을까?

한자리에
머물지 못하는 사람들

"사람들이 떠나는 이유를 정확히 알 수 있을까?"
— 미하엘 페리에,『바다 저편의 회고록』

    왜 떠나야 하는지, 왜 그 자리에서 더는 버틸 수 없을 것 같은지 그들이 항상 아는 것은 아니다. 그들은 어렴풋하지만 거의 육체적인 느낌으로 더 이상 그곳에 머물 수 없음을 안다. 출발은 그것이 도망일 때조차도 설명할 수 없는 필연의 명령으로 부과된다. 이유와 명분을 찾으려 한다면 찾을 수도 있겠지만, 다른 곳을 향한 이 욕구에 자유 외에 다른 이름은 없다. 저당 잡힌 것들les gages을 "되찾고dégager", 그로부터 자신을 빼내 오고se dé-gager, 자유케 하고se libérer, 더 이상 어떤 것에도 얽매이지 않아야n'être plus engagé rien 한다. 이러한 소극적 자유는 덫을 부정하는 것에서 시작하므로 잔인하다. 자유는 찢겨져 나오는 일이며, 선재하는 것의 파괴를 통한 해방이다. 짐 없는 인간의 개운함을 누리기 위해서는 관계의 끈을 희생하는 대가를 치러야만 한다. 작가 미하엘 페리에는『바다 저편의 회고록』에서 이러한 인물을 묘사한다.

    "한 남자가 떠난다. 벽에는 금이 가고, 직물은 찢어진다. 생은 은총이지만 그만큼 폭력이기도 하다⋯⋯ 떠나야 한다. 모든 것을 날려 버려야 한다. 무엇보다도 돌아오지 않아야 하고, 무엇을 남길 것인지 질문하지 않아야 한다. 최면과도 같은 기계적이고 몽롱한 일상에서 벗어나고, 죽음의 시계추에서 벗어나야 한다."[37]

여기서 출발départ은 '빠져나온다'는 어원적 의미에서처럼 실존의 몸짓을 다시 시작하는 것을 의미한다. 무기력하게 반복되며 우리를 집어삼켜 버리는 것에서 벗어나는 것이다. 출발은 자신의 대립항인 기계적 습관으로부터 벗어나는 것이다. 경직되고 죽은 것, 생동감 없이 작동하는 것에서 벗어나는 것이다. 기계적 습관 속에서 우리는 자신의 삶을 사는 것이 아니라 삶에 복종한다. 그것은 최면 상태, 나른한 삶, 절반만 깨어 있는 의식이다. 또한 그것은 반쪽짜리 삶이다. 무기력하고 반복적이며 어떤 동기도, 열망도, 충동도 깃들지 않은 삶이다. 현전 없는 삶이고, 강렬함 없는 삶이며, 자기 자신이 없는 삶이다.

단절하고 떠난다는 것은 자신에게 기회를 주고, 은혜를 베풀고, 구원하는 일이다. 더 이상 우리 실존의 틀과 리듬을 구성하지 않는 것을 희생하는 파괴는 필수적이다. 해방은 우리를 그러한 삶 바깥으로 구출해 내는 것이며, 거기에 얽매이게 하는 모든 것, 관계의 끈과 소유물들을 덜어 내는 것이며, 급진적인 자유의 독립이자 운동으로의 복귀다. "돌연 나를 붙잡고, 막아서고, 방해하는 것이 사라진다. (…) 모든 출발에는 명백함이 있다."[38] 이는 우리를 묶어두는 것을 더 이상 받아들이지 않고, 물건들을 치우고, 사람들로부터 해방되는 것이다.[39] 페리에가 말하듯 그것은 "존재의 범죄"기 때문이다. 그러기 위해서는 용기가 필요하다. 어쩌면 거기

---

37 Michaël Ferrier, *Mémoires d'outre-mer*, Gallimard, L'infini, 2015, p. 53.

38 *Ibid.*, p. 54.

39 *Ibid.*, p. 53-54: "이처럼 한계로 이행하는 것에는 어떤 잔인함이 있다. 이를테면 존재의 범죄에 대한 모든 것을 배우기 위해 어머니를 저기 세상의 잊힌 구석에서 홀로 죽게 내버려 두는 것이다."

에는 "모든 것을 망가뜨리고" 자기 사람들을 저버리며 느끼는 죄의식의 쾌감도 존재할지 모른다.

한자리에 머물지 못하는 이들이 실제로 우리에게 말해 주는 바는 무엇일까? 그들은 억제해 왔던 욕망, 난폭하고 이기적인 몸짓으로 모든 것을 내버리고 따돌리려는 욕망을 드러내 보인다. 아무 자리도 배정받지 않고 모든 책임에서 해방되고자 하는 욕망. 자리를 도주와 맞바꾸고, 장소를 운동과 맞바꾸며, 안정을 자리 옮김과 맞바꾸려는 욕망. 여기서 중요한 점은 다른 장소에 도달하는 것이 아니라, 하나의 경로를 그려 나가는 것 자체다.[40] 이 출발의 몸짓에는 모험이 존재하며, 어쩌면 결정론이 초래하는 침체 상태와 숙명이 야기하는 절망, 사회적 자리라는 덫에 갇힌 정체 상태에서 벗어난다는 느낌 또한 존재할 것이다. 떠나는 인간은 우리 모두에게 암암리에 영향을 미치는 유혹을 표현하며, 어쩌다 태어난 곳이나 우리에게 기대되는 장소가 아닌 다른 곳에 존재할 수 있는 가능성을 구현한다. 이 대담한 형태의 불복종은 양가적인 감정을 불러일으킨다. 우리는 떠나는 사람들에게 환상을 품고, 질투하고, 비난한다. 하지만 그들의 모습은 새로운 돌파구를 열어 주기도 한다. 우리 역시 이 자리에 그대로 머무는 데 만족하지 않기 때문이다. 페리에는 프루스트적 어조를 띤 한 구절에서 이러한 해방의 몸짓

---

40 Catherine Poulain, *Le grand marin*, Seuil, Points, 2017, p. 9: "언제나 알래스카로 향하는 중이어야 할 것이다. 하지만 알래스카에 도착하는 것에 어떤 즐거움이 있는가? 나는 짐을 꾸렸다. 지금은 밤이다. (…) 나는 떠난다. 세상의 끝, 그랑블루호를 타고, 수정과 위험을 향해 나는 떠난다. 더 이상 나는 권태 속에서, 맥주와 오발탄 속에서 죽어가고 싶지 않다. 불행으로부터, 나는 떠난다."

을 급진적 자유의 조건으로 묘사한다.

"떠나는 사람은 언제나 욕망과 두려움 사이의 불안한 떨림을 유발하며, 만장일치의 반대를 불러일으킨다. (…) 그러나 그가 그렇게 떠나 버리는 이유는 무엇일까? 그는 한자리에 머물 수가 없는 것이다. 떠나는 사람은 혼자만의 힘으로 시간의 끈을, 세월과 세계의 질서를 깨뜨린다. 그는 질서 정연했던 선이 얽히거나 끊어질 수 있음을, 시간의 음악이 다양할 수 있음을, 자신의 원하는 대로 자유롭게 살 수 있음을 보여 주는 것이다."[41]

한자리에 머물지 않는다는 것은 어느 한곳에 얽매이거나, 한 가지 리듬만 고수하거나, 한 가지 생활 방식과 사고방식에만 예속되길 거부하는 것이다. 또한 그것은 단 하나의 존재 방식에 갇히지 않고 다른 삶을 실험하는 사치를 허용하는 것이다. 그물에 걸린 것과도 같은 실존으로부터 빠져나가는 것이다. 한 발짝 물러나 대열의 바깥으로 빠져나오는 것, 대열 자체에 의문을 제기하는 것이다. 더 이상 구속되고 속박된 채 정체되지 않는다는 것이다. 족쇄를 거부하는 것이다. 자신에게 사유와 운동의 절대적 자유를 주는 것이다.

앞서 이 몸짓은 잔인한 것이라고 말한 바 있다. 하지만 그것이 표현하는 것은 존재의 이기심을 넘어선다. 출발의 움직임을 통해 한 사람의 가장 내밀한 본성이 표현될 수 있다. 어쩌면 끊임없는 이동 속에서만 세상에 존재하는 것을 견뎌낼 수 있는 사람들이 있을 것이다. 그들의 발밑 땅은 늘 흔들릴 것이고, 감당할 수 없는 짐을 진 그들을 삼켜 버리겠다고 위협할 것이다. 그들에게는 지속적

---

41 Michaël Ferrier, *Mémoire d'outre-mer*, *op.cit*, p. 43.

인 관계의 끈과 헌신이 참을 수 없는 자유의 박탈로 여겨질 것이다. 이처럼 안정감과 신뢰를 느끼는 것이 불가능하며 그것을 용납하지도 못하는 사람들, 자기 안에서 내면의 무능과 고통을 인식하고 도망치는 사람들에게는 계속해서 연을 이어 가고 안주하라고 강요해서는 안 될지도 모른다.

실뱅 프뤼돔은 소설 『길을 따라』에서 "세상에는 두 종류의 사람이 산다. 떠나는 사람과 머무는 사람이"[42]라고 쓴다. 소설 속 주인공은 작가인 사샤와 히치하이커라 불리는 — 마치 한자리에 가만히 있지 못하는 무능력이 하나의 정체성을 확립하는 것마저 방해했다는 듯 — 케루악을 닮은 인물로, 그들은 정처 없이 떠돌던 젊은 시절에 만난 친구다. 마흔 살의 독신남 사샤가 파리의 번잡함을 떠나 "새로운 삶을 시작"하길 꿈꾸는 프랑스 남동부의 작은 마을에서[43], 두 사람은 20여 년 만에 우연히 다시 조우한다. 사샤는 다시 태어나길 열망하며, 새로워지려는 그의 결정에 동의한다는 듯 이 마을의 이름 역시 익명으로 처리되어 있다. 조용하고 차분한 곳에서 그는 내면의 통일을 희망한다.

"나는 이런 평온함을 갈망해 왔다. V에서 나는 수년간 내 것이 아니었던 집중력과 금욕을 되찾을 수 있으리라 생각했다. 이곳이 제공하는 딱 적절한 만큼의 고립이 마침내 나를 내 안에 집중시키고, 회복해 주며, 어쩌면 다시 태어나게 하리라고 말이다."[44]

---

42 Sylvain Prudhomme, *Par les routes*, Gallimard, L'arbalète/Gallimard, 2019, p. 129.

43 *Ibid.* : "온 힘을 다해 환경을 바꾸고 싶었다. 파괴와 재건, 그것이 당분간의, 어쩌면 다가올 몇 해의 내 계획이었다."

하지만 사샤가 다시 중심을 잡기 위해 온 이곳은 히치하이커가 아내 마리, 아들 아귀스탱으로부터 떠나 있으려고 정기적으로 도망쳐 오는 바로 그곳이다. 20년이 지난 지금도 그는 현실적이든 감정적이든 하나의 풍경 안에서 지속적인 안식처를 찾지 못한 채 정착하지도, 멈춰 쉬지도 못하는 것처럼 보인다. 젊었을 때와 마찬가지로 그는 자신의 방랑을 짧게 되돌아보는 엽서만으로 유일하게 소식을 전한다. 엽서조차 점차 드문해지면서 이 탈출이 복귀 없는 최후의 도주라는 점이 점차 명백해진다. 사샤는 마리와 가까워지고, 이제 그는 남아 있는 사람, 의지할 수 있는 사람, 다시 말해 제자리에 머무는 사람을 대변하게 된다. 물론 사샤가 히치하이커의 자리를 대신할 수는 없다. 히치하이커가 동반자나 아버지의 역할을 제대로 해본 적이 없더라도 말이다. 그러나 사샤는 마리와 아귀스탱의 곁에서 자기만의 자리를 만들어 간다. 그의 존재감과 변함없는 태도로 자기뿐만 아니라 마리, 아귀스탱에게도 반드시 필요한 공간을 그려 나간다.

여기서 우리는 자리가 지속적인 헌신, 소속과 동의어임을 알 수 있다. 자리는 장소만큼이나 시간과 관계를 맺는다. 자리는 자기와의 관계인 동시에 타인과의 관계이기도 하며, 그리하여 강제적이고 구속적일 수 있다. 이따금 견딜 수 없어지는 것은 바로 그 때문이다.

우리는 멈추는 것을 상상할 수 없는 사람들, 자리가 변형되어 한쪽에서 다른 쪽으로 끝없이 이어지는 선이나 화살표가 되는 사람들, 운동의 에너지를 가진 사람들에 대해서도 말해야 한다. 유목

44 *Ibid.*

민이 되어 스쳐 지나가는 것의 기쁨, 다른 영토와 다른 얼굴이 우리를 변화시키는 기쁨에 대해서도 이야기해야 한다. 차이 및 타자성과 접촉하며 변화해 나가는 기쁨, 정착하지 않고 항상 출발을 향해 가는 기쁨, 새로운 다른 곳을 꿈꾸는 기쁨을 말이다.

뿌리내리기

진창에 물이 차오르는 것을 본 듯 진흙탕을 벗어나 잘못된 길 밖으로 빠져나가기 위해 도망치는 사람들이 있다. 그들은 실추를 피하기 위해, 숙명적 수치심의 공격을 피하기 위해 도주한다. 그런데 우리가 결코 되고 싶지 않은 바로 그 사람이 가장 가까운 곳에 있는 경우도 많다. 치욕의 자리, 그것은 타로 혈육의 자리다. 그럴 때 아버지, 어머니, 형제자매는 나와 다른 못난 사람, 불태워야 할 이미지가 된다. 우리는 그들의 실패한 운명에서 벗어나고자 한다. 마르그리트 뒤라스의 『연인』에서 수치의 화신인 어머니는 그녀의 말뿐 아니라 자신의 존재 자체로 딸에게 도망치기를 엄명한다. 그녀와 같은 운명에서 벗어나야만 한다고 같이다.[45] 어머니는 화자에게 무일푼 외국인으로서의 삶이라는 덫에서 빠져나가라고 촉구한다.

"그녀는 나를 보고는 말했다. 아마, 넌 곧 빠져나가게 되겠지. 날이 갈수록 굳어 가는 생각. 그것은 무엇엔가 도달해야겠다는 것이 아니라, 지금 있는 곳에서 빠져나가야만 한다는 것이었다."

도망은 난관에 처한 자신을 빼내기 위해 내빼는 것이고, 실추의 현장에서 빠져나오는 것이며, 벗어나는 것이다. 목적지는 알 수 없다. 그러나 적어도 무엇으로부터 도망치는지, 무엇으로부터 벗어나고 싶어 하는지는 안다. 어떤 불운한 운명으로부터, 어떤 끔찍

---

45 Marguerite Duras, *l'Amant*, Minuit, 1984, p. 32. 마르그리트 뒤라스, 『연인』, 김인환 옮김, 민음사, 2007, 31-32쪽 : "어머니는 우리를 부끄럽게 만들었다. 그녀가 (…) 중학교 앞길에 도착할 때면 나는 부끄러워서 어쩔 줄 몰랐다. 모든 사람이 어머니를 보았으나 그녀는 눈치조차 채지 못했다. 전혀. 감금시켜야 해. 매를 맞아야 해. 죽어야 해."

한 역사로부터 벗어나고 싶어 하는지 말이다. 그것은 실패를 예정해 놓은 과거를 뒤로 한 채 모든 것을 버리고 떠나는 일이다. 그리하여 자신이 누구인지 잊고 자리를 바꾸어서 새로운 미래를 여는 것이다. 그것은 망명하기이자, 한 번 사라진 후 새로운 곳에서 익명으로 다시 나타나는 것이다.

　　이것은 로랑 모비니에의 『밤의 역사』에서 주인공이 하려는 일이기도 하다. 그러나 오래 전의 역사는 과거 주인공이 살았던 변두리 삶의 낙인이기도 한 특이한 문신처럼 우리 안에 새겨져 수치심을 불러일으킨다. 내가 도망쳐 나온 장소가 그림자처럼 나를 따라다니며 새로운 삶을 끊임없이 위협하는 것이다. 내가 더 이상 원하지 않는 그 자리는 나의 뜻에 반해 나를 따라다니고, 아무리 감추려 해도 저주받은 정체성은 나의 것인 채로 남아 있다. 과거의 증인들은 나를 그 자리에 가둬 두고 나의 진정한 정체성을 끊임없이 재확인시킨다. 마치 과거가 나를 그대로 유지해야 할 의무를 짊어지기라도 한 것처럼 말이다, 과거의 증인들은 갖은 애를 쓰며 내가 누구였는지 상기시킨다. 더 이상 나이길 원치 않는 과거의 그 사람에게 우리는 뭐라고 해명해야 할까? 우리가 떠났다는 사실, 우리가 변했다는 사실을 참아 내지 못하는 사람들이 자극하는 이 거짓된 충실함은 무엇일까? 누군가가 우리를 예전의 자리로 영원히 되돌려 놓으려 한다면, 우리의 출발을 일종의 배신으로 여긴다면, 그것은 그들이 그 출발을 동일한 자리에 머물러 있는 자신의 삶에 의문을 제기하고 부인하는 것으로 경험하기 때문이다. 그들은 우리를 통해 자신의 좁은 시야 너머의 가능성을 보는 것을 두려워하는 것이다. 마을, 소도시, 지역을 떠나기. 대도시로 출발하고, 서울에 "올라가고", 외국에 살기. 이러한 자리 옮김을 통해 우리는 자리가 바뀔 수 있는 것임을 증명하며, 자신이 제자리에 있다는 확신이 부족한 사람들에게 불안을 자극한다.

모비니에의 작품에는 주어진 초라한 삶의 숙명에서 벗어나 다른 운명을 꿈꾸는 여성 인물들이 여럿 등장한다. 『계속해 나가기』에서 시빌은 외과의사가 되고 싶었던 학창 시절의 꿈을 기억해 낸다. 소설은 이제 성인이 된 시빌의 잃어버린 환상을 되짚으면서 그녀의 야망이 얼마나 어리석었는지 회고한다. 보잘것없는 환경에서 태어난 이 여성이 어떻게 그만큼의 출세를 꿈꿀 수 있었을까? 이따금 우리가 다른 사람이 된 것마냥 교만해졌을 때 삶은 우리를 제자리로 되돌려 놓기도 하는 것 같다. 삶은 우리가 어디에서 왔으며 어디에 머물러야 하는지를 상기시키고, 평범한 하류 주체의 지위로 우리를 돌려놓는다. 제자리에 있어, 똑같이 행동해, 선을 넘지 마, 세계의 질서를 바꾸거나 의심하지 마. 계속되는 리토르넬로.[46] 우리 안에서 겸손을 명하는 이 엄하고 비판적인 목소리를 어떻게 침묵시킬 수 있을까?

이제 성인이 된 시빌은 한 사람의 어머니가 되었고, 그녀의 아들 사뮈엘은 부모의 이혼으로 어려운 시기를 보내는 중이다. 새 출발을 결심한 시빌은 부모에게서 물려받은 집을 팔아 여행 경비를

---

[46] 합주와 독주가 번갈아가며 되풀이되는 악곡의 형식으로, 이탈리아어 'ritorno'에서 유래했다.—옮긴이.

마련한다. 이는 과거에 대한 상징적 청산이자 자신의 장소와 자리들로부터의 해방이며, 앞으로의 여정에 모든 것을 거는 행위이다. 그녀는 키르기스스탄에서 말을 타고 긴 여행을 떠난다. 이 "자리옮김"으로 카드 패를 다시 섞을 수 있다는 듯 말이다. 그러나 여행은 악몽으로 바뀌고, 이야기는 사뮈엘의 아버지가 전처를 땅에 발붙이지 못하는 사람으로 규정하며 여행의 출발부터 무책임한 모험이라 비난했던 것이 옳았음을 입증하는 듯 전개된다. 시빌은 이러한 실패의 단죄를 내면화하여 마찬가지로 자신을 비판한다. 그녀는 "자신의 보잘것없는 삶에 만족하는 법을 배우고, 거창한 꿈을 끊어 내는 법을 배우고, 자신의 꿈 뒤에 숨어 조용히 살면서 자신으로 남는 것[47]"에 만족해야 했는지도 모른다.

의학 공부를 포기하고 과거의 야망에 수치심을 느끼는 시빌은 삶이 여의치 않음을 표현하는 인물이다. 그녀의 캐릭터는 많은 여성의 실존과 서민 계급의 실존, **나아가** 서민 계급 여성들의 삶을 반영한다. 그들은 주어진 틀 안에 머무르며 "희망을 옥죄"고 "욕망을 제한"하는 것을 받아들인다.[48] 다른 가능성, 자신을 표현하는 다른 방법, 자신이 되고 싶었던 것을 선택하는 힘을 포기하는 그들은 결국 자기 자신 외에 다른 것이 되지 못한다. 감히 외과의사와 작가가 되길 꿈꾸었다는 사실은 어처구니없는 교만과 겉멋으로 여겨지고, 그것은 한때의 순진함에 대한 경멸, 자기혐오가 되어 부메랑처럼 그녀에게 돌아온다.[49]

이야기는 여기서 끝날 수도 있었을 것이다. 자기 외에 다른 것

---

47 Laurent Mauvignier, *Continuer*, Minuit, 2016, p. 20.
48 *Ibid.*

이 될 수 없다는 실패와 절망의 이야기로 말이다. 그러나 작가는 다른 가능성을 향한 실마리 역시 남겨 놓는다. 시빌이 끝마치지 못했던 소설은 결국 모비니에의 펜을 통해 세상에 존재하게 되기 때문이다. 이는 냉철한 이성의 소유자인 전남편이 시빌과 그의 아들이 보여 주는 능력을 접한 후 한 존재가 다른 무엇이 될 수 있는 유연성에 놀라는 장면에서도 확인할 수 있다. 우리는 우리가 아닌 다른 존재가 될 수 있는 것이다. 저자는 "어쩌면 우리라고 생각하는 것이 확실한 것이 아닐 수도 있다"[50]라고 말한다. 언제나 기회는 두 번 있다. 어쩌면 우리는 여러 번의 삶을 살 수 있을지도 모른다. 다음 소설을 쓰는 것이 누구일지 누가 알겠는가?

떠나는 것이 반드시 충동적으로 결정되거나 유목민적 본성의 연장선상에서 벌어지는 도망은 아니다. 때때로 출발은 뿌리 뽑히기와 뿌리내리기를 함께 수행하는 이중 논리로 이루어진다. 자신의 힘으로 자리 잡는다는 것은 자기를 주장하고 삶을 회복하겠다는 고집으로 그 자리를 정복하는 일이다. 이번에 다룰 출발은 야망이 아니라 자녀에게 발 디딜 땅과 자리를 주기 위해 새로이 제자리를 결정하는 이야기다. 자신의 손으로 게임을 다시 시작하기. 첫

---

49 *Ibid.* : "대부분 그녀는 잊어 버리지만, 이따금 그것이, 수치심의 입김이 되돌아오기도 한다. (…) 거기에는 어떤 감정도, 연민도 없다. 그저 수치심, 혐오감, 자신에 대한 경멸뿐이다."

50 *Ibid.*, p. 55. "그는 아무것도 바라지 않고 자신을 그저 바라보기만 하는 소년을 보고 놀랐다. 난생 처음 그는 아들이 경탄의 눈빛으로 자신을 바라보지 않는 것을 보았고, 아들이 다른 곳에 있음을 보았으며, 어쩌면 우리라고 생각하는 것이 확실한 것이 아닐 수도 있다는 것을 보았다."

단추를 잘못 꿴 인생이 예정해 놓은 길을 거부하기. 사회적·정서적 자리를 갖기 위해 원가족이 아닌 다른 가족을 선택하여 그 안에서 자리를 마련하기. 마리-엘렌 라퐁은 소설『공고문』에서 열 살 연상인 농부 폴의 결혼 광고에 응하는 서른일곱 살 여성의 이야기를 들려준다. 아네트가 출발을 결심하는 것은 미혼모의 외로움을 달래기 위해서가 아니다. 파괴적이었던 첫 결혼의 상처를 치유하기 위해서도 아니다. 그녀가 떠나야만 한다면, 텍스트의 표현대로 "뿌리째 뽑혀야만 한다면", 그것은 오로지 어린 아들 에릭을 구하기 위해서다. 에릭으로 하여금 그 누구도 될 수 없게 만든 저주를 끊어 내기 위해서는 뿌리째 뽑혀 나가는 일이 필요했던 것이다. 아네트는 그들이 살았던 북쪽 고장이 거부했던 자리를 아들에게 선사하고자 한다. "이렇게라면 에릭은 그 무엇도 되지 못하고, 어디에도 자리 잡지 못할 것이다. 다른 곳을 찾아 다른 방식으로 그녀는 변화하고, 떠나고, 발명해야만 했다. 시골이라고 안 될 이유가 있겠는가? 자신을 뿌리째 뽑아내 다른 곳으로 옮기면 된다."[51]

잡초를 뽑을 때처럼 뿌리째 뽑아내기. 비스듬히 뻗어 나가지 않도록 밑에서부터 캐내기. 폭력과 낙인으로 얼룩진 과거로부터 자신을 끌어내기. 북쪽으로부터 캉탈로 향하는 지리적 뿌리 뽑기, 개인적 역사의 단절은 새로운 삶을 위한 조건이다. 어느 곳이건 중요하지 않다. 다른 장소, 이곳이 아닌 장소, 0으로부터 이야기를 다시 시작할 수 있는 순결한 장소를 찾는 것만이 중요하다.

"아네트는 북쪽에 대해 생각하지 않으려고 했다. 아마도 그녀는 저 위에서 일어난 일들이 남긴 윤곽을 모두 잊고 털어 버린 채

---

51 Marie-Hélène Lafon, *L'annonce*, Buchet-Chastel, 2009, p. 77.

피디에르에서 다시 시작하고 싶었을 것이다. 새로운 삶에 진입할 때 우리는 모든 것을 조심하고 경계해야 한다."[52]

새로운 마을과 집에 뿌리내리기 위해서는 역설적이게도 뿌리 뽑히기가 반드시 필요하다. 그것은 그저 되는 일이 아니다. 아네트는 결연히 자신의 뿌리를 뽑아내고, 고집과 인내, 끈기로 이 가족에 자신을 접붙인다. 어려움을 묵묵히 삼켜 내며 천천히, 조용히, 자신을 받아들이게끔 한다. 침입하는 방식이 아니라 신중하게 영역을 정복하는 방식으로 말이다. 아네트는 일자리를 찾아 자신을 증명한다. 아이는 "위쪽에서" 감옥에 간 아버지의 나쁜 평판으로부터 벗어나 새로운 환경에 발을 내딛는다. "거두어진" 어머니와 아들은 이제 "풍경의 일부"가 되며, 의심이나 경멸의 시선으로 바라보아야 할 낯선 사람이길 멈춘다[53]. 우리의 삶이 헛된 것으로 남지 않기 위해서 우리는 때때로 자신의 뿌리를 뽑아 다른 곳에 뿌리내려야만 한다. 아마도 이것이 파베제가 달했듯 모든 생명체가 예측 가능한 실존으로부터 벗어나기 위해 그렇게 노력하는 이유일 것이다.

"우리는 뿌리를 내리고 자신을 위한 당과 나라를 만들기 위해 노력한다. 우리의 육신이 그저 흘러가는 계절보다 더 가치 있고 오래 지속되도록."[54]

---

52 *Ibid.*, p. 83.
53 *Ibid.*, p. 87: "이제 거두어진 아내와 아들은 풍경의 일부를 이루었으며, 발 아래 땅을 파내려가 그들의 몸을 빚고 뿌리내리게 되었다."
54 Michel Gribinski, *Qu'est-ce qu'une place?*, Éditions de l'Olivier, penser/rêver, 2013, p. 27.

줄어드는 삶

잭 아놀드의 영화 〈놀랍도록 줄어든 사나이〉(1957)에서 주인공 스콧 캐리는 보트 여행 중 미지의 방사능 안개에 감염되어 몸이 줄어든다. 그는 성인 크기에서 청소년, 어린이, 인형 크기로 점점 작아지다가, 급기야 티끌이 되어(그는 자신의 몸보다 커져 버린 거미와 장대한 전투를 치르기도 한다) 무한소의 크기로 사라져 간다. 백인 중산층 미국인이었던 주인공은 몸이 줄어드는 과정에서 그동안 누려온 특권들을 잃는다. 예전의 지위를 보여 주는 말쑥한 옷은 이제 헐렁해져 몸에 맞지 않고, 결혼반지는 너무 커서 헐거워져 잃어버리고 만다. 몸이 줄어들수록 사회적 계단의 하층으로 내려가는 그는 가부장제, 거만하게 베푸는 친절, 거절, 가학성, 망각 등과 마주한다. 그런 그가 잠시나마 위로를 얻는 순간은 서커스의 스타, 몸집이 작은 젊은 예술가, 그리고 외모 때문에 사회에서 소외되고 배척당하는 사람들과 함께할 때다.

부적절한 자리에 놓인다는 것, 실제적이든 상징적이든 변두리로 몰린다는 것은 무엇을 의미할까? 이목을 끌지 말고 움츠릴 줄 알아야 한다고 요구받는 이들은 어떤 사람들일까? 그들은 새장 속 자리에 갇힌 사람들이다. 그들의 삶은 "위축되고" "발목 잡히는" 비주류의 양상을 띤다. 발목 잡힌다être empêché는 말은 어원적으로 덫에 걸린 발(in pedica, 여기서 동사 impedicare가 나온다)에서 유래한다. 우리는 때때로 자신의 일부를 절단하거나 무언가를 잃지 않고서는 빠져나올 수 없는 덫에 걸린 것처럼 일상에 갇혔다는 느낌을 받는다. 이는 저지당하는 느낌이며, 발에 채운 족쇄의 무게와 중력으로 인해 느려지는 느낌이다. 우리의 발목을 잡는 것은 장애물, 저항, 대립 등 우리의 행동과 욕망에 맞서는 것들이다. 또한 이는 반反시간성이기도 하다. 발목 잡힌다는 것은 일어나는 사건과 자신을 일치시키지 못하고, 기회를 포착하지 못하며, 좋은 타이밍이 지나가도록 내버려 둔다는 것이다. 기차를 놓쳐 버리는 것이다.

우리 안의 무엇이 우리를 저지할까? 거기에는 아마도 복잡한 여러 감정이 섞여 있을 것이다. 실패나 실망, 배신에 대한 두려움, 충실함과 정당성에 대한 특정한 태도 같은 것들 말이다. 그런데 우리는 본인이나 다른 사람들의 불안, 기대, 믿음에 의해서만 발목 잡히는 것이 아니다. 우리는 신체, 젠더, 외모, 그리고 사회와 시대, 환경이 우리의 신체에 투영하는 판단에 의해서도 매우 구체적이고 물질적인 방식으로 발목 잡힌다. 때로는 단순한 시선이, 거기서 느껴지는 거부와 경멸이, 넘어설 수 없는 보이지 않는 장벽을 세운다.

이처럼 막막한 느낌, 발목 잡힌 듯한 느낌은 1980년대 프랑스 여성과 1920년대 리즈 교외의 가난한 아동, 그리고 20세기 중반 유럽의 젊은 흑인 남성이 서로 공유할 수 있는 감정이다. 이 감정은 외부로부터 부과된 한계의 경험과 그것의 내면화에서 비롯된다. 침묵 속에서 이루어지는 이 수동적인 동화는 우리의 희망과 야망에 재갈을 물리고 하나의 사회적 공간에서 다른 사회적 공간으로 이동하는 것을 가로막는다. 표상은 현실 그 자체만큼이나 우리의 움직임에 제동을 걸고, 우리는 의식하지 못한 채 할당된 자리와 은밀한 명령에 순종한다. 우리는 사회적 게임의 체스판 위 한 칸에서 옴짝달싹 하지 못하며, 가격 인하 스티커가 붙은 상자 안에서처럼 하나의 정체성 안에 갇힌 자신을 발견한다.

발목 잡힌 삶은 장소, 행동, 직업, 여가 활동의 금지 등과 같은 끊임없는 장애물과 맞닥뜨린다. 주체는 원환을 그리는 현실의 벽, 이를테면 자신이 속한 공동체, 지역, 가족의 벽에 부딪힌다. 사회적 삶은 특정한 공간, 신원이 확실한 특정 개인 주변으로 축소된다. 그럴 때 우리는 보이지 않는 담장을 넘어서지 못한다. 리처드 호가트는 1920년대 리즈의 노동계급 지역에서 보낸 유년시절을 다룬 이야기에서 그러한 경험을 회상한다. 그는 자신의 "폐쇄적인" 가족을 짹짹대는 굶주린 어린 새들이 가득 찬 둥지에 비유한다. 외부 세계도 타인과의 관계도 없이 자신 안으로 후퇴해 들어간 이 삶이 따르는 것은 오로지 비참의 논리다. 생존을 위한 물질적 근심은 은연중에 합의된 감금의 원리가 된다. 방어는 보호하는 동시에 가둔다.

"안으로만 향해야 할 의무가 지나쳤던 나머지 우리는 모든 것으로부터 철저히 외부에 놓였으며, 다른 존재 방식을 몰랐던 만큼 그에 통합되고자 노력할 수도 없었다. (…) 우리는 항상 참여하지 않는 자들, 초대받지 못한 자들이었기에 우리 안에 자기만의 방어물을 구축해야만 했다."[55]

이처럼 세상의 바깥에 자기를 가두는 것이 배제의 이면이다.

---

55 *Ibid.*, p. 88 : "사실상 우리에게는 우리 밖에 있는 것들에 대한 호기심이란 것이 없었다. 우리는 다른 삶, 다른 관심사, 다른 걱정거리에 대해서는 아무것도 몰랐다."

세계는 너무나도 접근하기 힘든 것으로 보이기 때문에 호가트와 그의 형제들은 자신들도 세계를 좋아하지 않을 거라고 스스로 설득한다. 바리케이드는 안에서 만들어진다. 그러나 호가트의 이야기는 움직이는 궤적에 대한 이야기기도 하다. 자서전의 제사에서 그는 T. S. 엘리엇을 인용하며 다음과 같이 말한다. "집은 모든 것이 시작되는 곳이다." "내 집chez-soi"은 출발점이지 도착점은 아니다. 수다한 어려움에도 불구하고 우리를 보살펴 주는 "내 집"의 경험은 아마도 앞으로의 여정을 통과해 내는 데 필요한 용기를 북돋워 줄 것이다[56]. 그렇지만 바깥 세상과의 대면은 녹록치 않다. 바깥 세상에 제자리를 만들어 내는 것은 쉬운 일이 아니며, 때로는 세상에 모습을 드러내는 것조차 어려울 수도 있다. 자신의 둥지가 누에고치와 같은 경우, "폐쇄된 가족"으로부터 벗어나는 일은 거절의 폭력에 노출된다. 가난한 아이 호가트는 환영받지 못한다. 주변에서는 경멸이 깃든 목소리로 그를 "문제아", 침입자로 규정한다.

"우리 같은 처지에 있는 아이들은 아주 이른 나이부터 어른들의 목소리의 톤을 해석하는 법을 배운다. 그것은 적대적인 톤에만 국한되지 않는다. 그보다 훨씬 더 중요한 것은 당신을 외부인, 이방인, 일종의 열등한 국외자처럼 이야기하는 사람들의 무관심한 톤이다."[57]

누구든 한 번쯤은 투명인간이 되어 존재하지 않거나 그 존재를 고려할 가치도 없는 양 3인칭으로 지칭되어 본 경험이 있을 것이다.[58] 우리는 묻지 않을 수 없다. 나는 저 사람들이 말을 거는 **사**

---

56 *Ibid.*
57 *Ibid.*, p. 89.

람일까, 아니면 이야깃거리에 지나지 않는 **대상**일까?

"나는 어른들이 아직 어린 당신에 대해 이야기하면서 마치 거기 없는 사람 취급을 할 때 당신을 얼어붙게 하는 한기에 대해, 어떤 온기도 드러내지 않는 그 태도에 대해 이미 이야기한 바 있다."[59]

자리 잡는 것이 금지되거나 허용되는지의 여부, 혹은 주체로서의 나의 실존이 부인되거나 인정받는지의 여부는 그들의 억양이 중립적이고 무관심한지 혹은 애정 어린지에 달려 있다. 어떤 말은 경멸을 드러내지만, 어떤 말은 호가트의 할머니의 음성처럼 우리를 위한 자리를 마련해 준다. "나는 무조건적인 애정의 목소리를 들었고, 다시 한 번 항구에 도착했다고 느낄 수 있었다."[60] 부드러운 목소리는 나를 환대하며 맞이하고, 내가 이 세상에 있을 정당성을 확인시켜 준다. 차가운 목소리는 나를 세계로부터 박탈시킨다.

아이가 넘지 않아야 할 경계를 깨닫는 것도 공포로 죄어드는 부모의 목소리를 통해서다. 제임스 볼드윈은 1963년 미국에서 출간된 자서전 『단지 흑인이라서, 다른 이유는 없다』에서 이러한 경계 지키기가 내면화되는 방식을 분석한다.

"이 사실이 (…) 부모의 어조를 통해 아이의 의식에 스며든다. 아이가 어떤 경계 바깥으로 나섰을 때 어머니나 아버지의 목소리

---

[58] *Ibid.*, p. 90, "최악은 당신 앞에서 당신을 3인칭으로 지칭하며 애들은 기관에 보내는 게 낫지 않겠냐고 말하는 사람들이다."

[59] *Ibid.*, p. 172.

[60] *Ibid.*, p. 90.

에서 갑작스럽게 느껴지는 통제 불가능한 공포의 어조에서. 아이는 그 경계가 무엇인지 모르고 설명도 듣지 못한다. 그것만으로도 충분히 겁먹을 만한 일이지만 어른들의 목소리에서 느껴지는 공포야말로 진정 두렵다."[61]

우리는 겁에 질린 침묵의 힘, 말하지 않은 감정의 힘을 안다. 1930년대 미국에는 할렘 출신의 가난한 아이가 설 자리가 없었다. 볼드윈의 말을 빌리면, 이 세상은 "당신의 존재를 위해 어떤 공간도 만들지 않았다."[62] 아이티 출신의 감독 라울 펙이 볼드윈의 미완작 『이 집을 기억하라』를 바탕으로 제작한 다큐멘터리 〈아이 엠 낫 유어 니그로〉(2016)에서도 이와 같은 생각을 확인할 수 있다.

"당신이 삶과 정체성을 빚진 나라가 현실적으로 기능하는 시스템 속 어디에도 당신의 자리를 만들어 두지 않았다는 것을 깨닫는 것은 엄청난 충격입니다."[63]

흑인에게는 백인의 정체성과 대립하여 형성되는 낙인찍힌 정체성, 그 부정적인 자리를 제외하면 어떠한 자리도 주어지지 않는다. 그들은 제자리에 있으라고 요구받는다. 그러므로 침묵과 비가시성에서 벗어나 자리에 대해 의문을 제기하고 흑인에게 주어진 파괴적인 표상을 흔드는 것은 고정관념으로 지탱되는 세계를 무너뜨리는 것이며, **대립을 통해 구축된** 백인의 가치체계를 무너뜨리

---

61 James Baldwin, *La prochaine fois le feu*, Gallimard, Folio, 2018, p. 47. 제임스 볼드윈, 『단지 흑인이라서, 다른 이유는 없다』, 박다솜 옮김, 열린책들, 2020, 49-50쪽.

62 *Ibid.*, p. 52. 국역본, 55쪽.

63 Raoul Peck, James Baldwin, *I am not your negro*, 10/18, 2018, Débat á l'Université de Cambridge, 1955 제임스 볼드윈·라울 펙, 『아이 엠 낫 유어 니그로』, 김희숙 옮김, 모던 아카이브, 2023.

는 것이다. 본질주의적이고 이원론적이며 인종주의적인 체계에 파문을 일으키는 것이다. 인종주의적인 편견이 흑인들을 어린 시절부터 가두는 부동성, 경색의 상태로부터 벗어나 움직이려는 것은 미국 사회를 뿌리부터 뒤흔드는 것을 의미한다.

"백인의 세상에서 흑인은 일종의 항성으로, 움직이지 않는 기둥으로 기능해 왔다. 그러므로 흑인이 자기 자리에서 벗어나면 백인으로서는 하늘과 땅의 기틀부터 흔들리는 셈이다."[64]

볼드윈의 분석은 마르티니크[65] 출신 정신과 의사 프란츠 파농의 저작과 일맥상통한다. 파농은 1952년 출간한 저서 『검은 피부 하얀 가면』에서 어떤 자리도 소유하지 못한 상태에 있음에도 자리를 점유해야 하는 흑인의 역설적 상황에 대해 설명한다. 그에 따르면 흑인은 자신의 주변을 진공상태로 만드는 존재다. 기차에서 흑인에게는 하나의 좌석이 아니라 세 개의 좌석이 주어진다. 그것은 자리가 아니라 공백이다. 그의 주위에 만들어지는 것은 공간이 아니라 거리다. 이 거리는 상호작용을 위한 조건이 아니라 백인을 접근 불가능한 존재로 만들고 흑인을 불가촉의 존재로 만드는 장벽, 보이지는 않지만 감지할 수는 있는 장벽이다.

"기차를 타면, 사람들이 내게 하나가 아닌 두 개, 세 개의 자리를 남겨 주었다. (…) 나는 삼중으로 존재했다: 내가 자리를 잡았다. 타인에게 갔다. …… 그런데 점점 흐려지는, 적대적이지만 불

---

64 James Baldwin, *La prochaine fois le feu*, op. cit., p. 31. 『단지 흑인이라서, 다른 이유는 없다』, 28쪽.
65 카리브해에 있는 지역으로 과거 프랑스의 식민지였으며 1946년 프랑스의 해외 레지옹이 되었다. ― 옮긴이.

투명하지는 않은, 투명한, 부재하는 그 타인은 사라졌다. 구토가 난다……."[66]

거기에는 공통 세계도, 상호 인정의 공간도 없으며, 따라서 자기주장의 가능성도 없다. 오직 백인의 시선을 통한 흑인의 대상화, 사물화만이 존재한다.[67] 흑인은 곤충학자가 곤충을 핀으로 꿰뚫는 것과 같은 방식으로 "고정"된다.[68] 엄밀히 말하면 그는 주체로 존재하는 것이 아니다. 파농은 그것이 흑인을 제2의 위치에 두는 문제조차 아니라고, 흑인을 전적으로 부정하는 문제라고 단언한다. 이때 맞닥뜨리는 감정은 열등감이 아니라 존재하지 않는다는 느낌이다.[69] 그는 지워지고 사라지기를 요구받는다. 세상은 그를 원하지 않는다. 그는 "줄어들기를" 요구받는다.

"나는 반갑다고 세상을 소리쳐 부르고, 세계는 나의 열광을 분질러 버린다. 그들은 내가 경계선 안에서 가만히 오그라들기를 요구한다."[70]

나의 세계 속 현존이 그 자체로 도발과 불손으로 인식되는 이상, 나는 가능한 한 이목을 끌지 않도록 분별 있게 굴 수밖에 없다. 나는 불쑥 나타나서는 안 되기 때문에 "기어야"[71] 한다고 파농은 말한다. 눈에 띄지 않기 위해 포복해야 하며, 가능한 한 바닥 가까

---

[66] Frantz Fanon, *Peau noire, masques blancs*, La Découverte, 2011, p. 154. 프란츠 파농, 『검은 피부, 하얀 가면』, 노서경 옮김, 여인석 감수, 문학동네, 2022, 112쪽.

[67] *Ibid.*, p. 158. 국역본, 112쪽: "그날 갈피를 못 잡고, 가차 없이 나를 가두는 타자, 백인과 떨어질 수가 없던 나는 나를 대상으로 만들면서 내 존재로부터 멀리, 참으로 멀리 떨어졌다."

[68] *Ibid.*, "이미 하얀 시선, 유일한 진짜 시선이 나를 해부한다. 나는 **박혀** 있다."

[69] *Ibid.*, p. 175. 국역본, 140쪽: "열등감이라고? 아니, 비존재감이다."

[70] *Ibid.*, p. 157. 국역본, 114쪽.

이 머물러야 한다. 굴욕l'humiliation의 어원적 의미 그대로 땅의 높이보다도 더 몸을 낮추어야 한다. 가능한 한 눈에 띄지 말아야 하며, 주의를 끌지 않는 법을 배워야 하며, 비난할 거리를 주지 않아야 한다.

자신을 지우라는 명령은 오늘날에도 여전히 사라지지 않는다. 이러한 명령은 흑인, 마그레브[72] 출신, 동성애자라는 이유로, 장애가 있거나 병들었다는 이유로, 그리고 여성이라는 이유로 위협을 느끼는 모든 사람에게 끊임없이 내면화된다. 아프리카계 미국인 어머니들이 아들에게 했던 조언들("갑자기 뛰지 마라. 후드를 쓰지 마라. 주머니에 손을 넣지도 마라. 무기가 있다는 오해를 살 수 있다.")과 성적 학대나 폭력을 막기 위한 여성들의 습관("특정 지역에 혼자 들어가지 마라. 비어 있는 열차를 타지 마라. 길에서는 커플을 따라가라.")들을 떠올리면 될 것이다. 여러 사회집단을 짓누르는 폭력은 각기 다르지만, 폭력을 당하는 그들의 의식 한켠에는 항상 위협에 대한 예측, 삶이 연약하고 불확실한 것이라는 느낌이 있다. 그들의 삶이 상대적으로 덜 중요한 무엇가인 것처럼 말이다.

상황과 장소, 시대를 고려하지 않고서 미국의 흑인과 유럽의 백인 여성이 느끼는 불안을 같은 선상에 놓을 정도로 순진할 수 있을까? 아마도 그럴 수는 없을 것이다. 그러나 우리는 젠더, 외모, 인종, 종교로 인해 물리적이거나 정신적인 폭력의 잠재적 표적이

---

71 *Ibid.*, p. 158. 국역본, 116쪽: "나는 이제 더는 눈에 띄지 않으려 하면서 서서히 세상에 당도한다. 나는 기면서 끝까지 도달한다."
72 북아프리카의 모로코, 튀니지, 알제리를 아우르는 지역. 세 국가는 한때 프랑스의 식민지였다. ― 옮긴이.

될 수 있는 모든 사람이 공유하는 느낌, 공통 경험, 특정한 내면 상태를 알아볼 수 있다. 위협에 대한 느낌은 경계하고 의심하게 하며, 계속되는 불안을 야기하여 그들을 지치게 한다. 그들의 존재 방식은 불침번을 서는 보초병과도 같다. 자리 이동은 신중한 계산 하에서만 이루어진다. 경계를 늦추는 순간 자신을 위험에 빠뜨리게 되기 때문이다.

공공장소, 공용 공간이나 공유 공간은 중립적이지 않다. 그곳은 보이지 않는 수많은 영역으로 나뉘는데, 우리는 어린 시절부터 놀이터에서 이미 영역 구분법을 배운다. 아이들은 공간을 구획하는 격자들을 금세 알아차린다. 분리의 논리에 따라 특정 공간은 남자아이들의 차지가 되며, 여자아이들에게는 다른 공간이 주어진다. 이러한 상징적 제약 바깥으로 위험한 모험을 감행하는 여자아이들에게는 "나쁜 평판이라는 낙인"이 찍힌다. 시사하는 바가 많은 뮈리엘 모나르의 한 연구에서 어린 라일라는 "남성성, 남성적 힘과 연관된 영역을 조금 놓아주라는 말"[73]을 듣는다. 지리학자 미셸 뤼소의 표현처럼 자리를 둘러싼 투쟁은 계급투쟁[74]일 뿐만 아니라 인종과 젠더 투쟁이기도 하다. 다시 말해, 모든 자리 옮김은 "공간의 시련"인 것이다.

---

73 Muriel Monnard, "Occuper et prendre place : une lecture des rapports de pouvoir dans la cour de récréation", *Espaces et société*, n°3, 2016, p. 127-145.

74 Michel Lussault, *De la lutte des classes à la lutte des places*, Grasset, 2019.

공간의
시련

　이러한 시련은 공공장소에서의 제약으로 인해 불편을 겪는 사람들에게 매일 반복된다. 그들에게 공공장소가 통행 불가 지역이 된 것은 우리가 그렇게 만들어 놓았기 때문이다. 따라서 어떤 것도 자신의 치수에 맞춰지지 않은 공공장소에서 제자리를 찾는 데 어려움을 겪는 이가 있다면, 그 책임은 사회에 있다고 해야 한다. 철학자 안느-리즈 샤베르는 『장애의 변형』에서 자신이 처한 상황을 매우 거대한 계단을 마주한 앨리스에 비유한다[75]. 어떤 것도 우리의 치수와 맞지 않을 때, 모든 것이 너무 높거나 좁고, 너무 위험하거나 접근이 불가능할 때, 환영받지 못한다는 느낌을 어떻게 떨칠 수 있겠는가? 베르트랑 캉탱의 말처럼 장애인les personnes en situation de handicap이 '장애'를 갖게 되는 것invalidées은 사회가 내린 선택에 의해서라고 할 수도 있다.[76] 회사와 대중교통에 경사로나 이동식 탑승 플랫폼이 생긴다고 해서 장애 자체déficience가 사라지는 것은 아니지만, 장애인으로서 겪는 불편이 줄어드는 것은 사실이다. 그러한 시설을 이용할 수 있는 사람은 스스로가 '장애인'임을 덜 느끼게 된다. 캉탱이 사회와 기업에 책임이 있다고 주장하는 것은 그런 이유에서다. 그러나 물질적 개선은 인식 변화와 함께 간다. 캉탱은 낙인의 힘을 강조하며 다음과 같이 말한다. "한 사람

---

　[75] Anne-Lyse Chabert, *Transformer le handicap. Au fil des expériences de vie*, Érès, 2017.

　[76] Bertrand Quentin, *Les invalidés, nouvelles réflexions philosophiques sur le handicap*, Érès, 2019, p. 19.

이 사회적 삶에 온전히 참여하기를 근본적으로 방해하는 것은 신체장애가 아니라 사회가 그에게 투사하는 신화와 표상들의 그물망이다."[77] 사회는 장애에 대한 표상과 그로부터 유발되는 배타적 공간을 통해 장애를 생산한다. 그러나 그러한 표상은 우리가 학교에서 교실과 놀이터를 함께 쓰는 등 동일한 공간을 공유하는 순간 사라진다. 가능한 한 어린 나이부터 장애를 가진 아이들과 어울리는 것은 고정관념과 그것이 유발하는 불안을 해소하는 데 큰 도움이 된다. 이를 통해 우리는 각 개인의 고유성과 조화를 이루는 포용적인 사회, 모든 이에게 자리를 제공하는 보다 유연한 사회조직을 향해 나아갈 수 있다. 캉탱은 장애인들이 완전히 바깥에 있는 것도 아니고 완전히 안쪽에 있는 것도 아닌 채로 사회의 문턱에 머물러 있는 경우가 매우 빈번하다고 주장하며 '한계성 liminalité'(라틴어로 limen은 '문턱'을 의미한다)이라는 개념을 제시한다. 그는 기술적 차원에서 접근성을 다시 사유하고, 샤베르가 주장하듯 그것이 지닌 관계적 차원을 강조하면서, 우리가 장애 자체를 없앨 수는 없을지라도 타인에게 자리를 마련해 줌으로써 장애를 완화할 수 있다고 덧붙인다. 약간의 도움만 있어도 접근의 어려움을 해소할 수 있는 곳에서 기술적 난점을 들어 문제를 회피할 때가 있다. "접근성은 넓은 문이나 경사로의 문제가 아니라, 환대와 팀워크와 같은 인간적 문제다."[78] 공간을 확보한다는 것은 청각장애인을 대화에 참여시키기 위해 그를 바라보며 말하는 것과 같은 몇 가지 간단

---

77 *Ibid.*, p. 39.

78 Anne-Lyse Chabert, "Accessibilité dans les lieux publics, enjeu de dignité pour tous", Développement Humain, Handicap et Changement Social / *Human Development, Disability, and Social Change*, vol. 26, 2020, p. 63-69.

한 조정을 의미하기도 한다. 또한 그것은 장애인을 대신해 말하는 것이 아니라 그가 스스로 말하게 하는 것, 의사결정을 할 때 장애인을 포함시키고 그들의 경험에 기대는 것이기도 하다. 캉탱이 지적하는 바와 같이, 장애인은 자신의 경험적 지식을 바탕으로 어떤 자원을 동원해야 할지 파악하는 데 가장 유리한 위치에 있다. 이러한 방식으로 우리는 사고방식의 폭이 조금이라도 넓어지길 바랄 수 있을 것이다.

왕국 없는
여왕

"딱지가 붙거나 틀에 박히는 것을 거부하고, 내 마음과 눈을 활짝 열고, 모험과 변화를 계속할 것이다. 문제는 자신을 자유롭게 하는 것이다. 방해받지 않고, 나 자신의 참된 차원을 발견하는 것이다."

— 버지니아 울프, 『어느 작가의 일기』[79]

우리가 "분별 있게" 처신하길 끊임없이 요구받을 때, 그러한 요구에 반하여 자신의 "참된 차원"을 찾기 위해서는 어떻게 해야 할까? 각국 여성들은 오랫동안 헤아릴 수 없이 많은 상황에서 작아지라고 강요받아 왔으며, 지금도 사정은 크게 바뀌지 않았다.[80] 이따금 여성들은 사라지라는 명을 받기까지 한다. 사람들은 여성을 숨기고, 천이나 화장으로 뒤덮고, 여성의 이미지를 탈취하거나 윤색한다. 여성은 자리를 너무 많이 차지하지 않아야 하고, 잊혀야 하며, 투명인간이 될 줄 알아야 하고, 이류 인간의 비좁은 자리에 만족해야 한다. 남성 대다수에게는 우위와 안락함을 허용하는 전통, 종교, 관습, 안락함, 그리고 분별이 여성에게는 오히려 그 실존을 짓누르는 것들로 작용한다. 여성의 몸은 오랫동안 종복, 노예, 아이들의 몸과 마찬가지로 남편, 주인, 사제, 왕에게 속한 부

---

[79] 1933년 10월 29일 일요일의 일기. 『어느 작가의 일기』, 박희진 옮김, 이후, 2009, 380쪽.—옮긴이.

[80] Mona Chollet, *Chez soi. Une odyssée de l'espace domestique*, La Découverte, 2016, p.139. 모나 숄레, 『지금 살고 싶은 집에서 살고 있나요?』, 탁명숙 옮김, 부키, 2019.

속물의 일종으로 간주되어 얼마든지 침범할 수 있는 것으로 여겨져 왔다. 어느 정도는 오늘날에도 여전히 그러하다. 여성의 몸은 수고로움이나 고통 없이 행동하기 위한 도구, 자신의 욕망을 충족시키기 위한 도구로 사용되며, 그들의 사회적·상징적 소유권자나 사용자인 남성들(혹은 여성들)에 의해 소유, 점유, 사용된다.

여성의 몸은 침범당하는 몸이다. 이때 "침범당한다"는 것은 문자 그대로 이해해야 한다. 여성은 경계가 존중되지 않는 존재로 취급되기 때문이다. 외부 세계와 여성의 몸 사이, 여성의 피부와 아이 및 남성의 피부 사이에는 더 이상 테두리도, 윤곽선도, 경계선도 없다. 여성의 살은 침범당하고, 여성의 내밀함은 잠식당한다. 여성의 몸은 각자 자기 방식으로 전유하는 영역이 된다. 그것은 넘어 들어가고 짓밟을 수 있는 공간, 실험을 위한 터로 변모한다.

아마도 자신의 몸을 가장 관대하게 내어놓는 이는 어머니일 것이다.

"어머니 여성은 자신의 몸을 아이에게, 혹은 여러 아이들에게 맡기고, 아이들은 그녀가 언덕인 것마냥 그 위에 올라가고, 그녀가 정원인 것마냥 그녀를 먹어치우며, 그녀를 두들기고 기대 잠드는데, 그녀는 자신을 먹어 치우도록 내버려두고, 이따금 아이들을 몸 위에 얹은 채 잠들기도 한다. (…) 그녀는 자신의 왕국을 잃는다."[81]

왕국 없는 여왕, 식민화된 영토인 어머니는 아이들에게 놀이터, 누에고치, 쿠션이 되어 주는 일이 어떤 즐거움과 고단함을 주

---

[81] Marguerite Duras, *La vie matérielle*, Gallimard, Folio, 1994, p.69. 마르그리트 뒤라스, 『물질적 삶』, 윤진 옮김, 민음사, 2019.

는지 잘 안다. 안달 난 아이, 화난 아이, 기뻐하는 아이는 나를 밀치고, 내 손을 잡아당기고, 내게로 몸을 던진다. 나는 푹신하고, 부드럽고, 단단하고, 안정적이어야 한다. 나는 아이의 필요에 따라 형태와 질감, 밀도가 변하는 가소성의 유연한 물질이다. 나의 형태, 나의 몸은 더 이상 존재하지 않으며, 이제 그것은 아이가 자신의 필요, 욕구, 변덕에 따라 만들어 내는 것일 뿐이다. 마르그리트 뒤라스가 말하길, 이러한 침범은 나를 먹어 치우고 침탈한다. 여성의 몸은 타인의 욕망을 위해 이용될 수 있어야 할 뿐만 아니라 항상 매력적이어야 한다.

"여성들은 아이들의 요구, 아이들의 몸, 그들의 아름다움, 그들에게 주어져야 하는 보살핌, 그들 각자가 필요로 하는 사랑에 압도되며, 그로 인해 죽는다."[82]

여성이 자신의 외양에 관심을 기울이는 일조차 침범의 결과이며, 여성을 짓누르는 기대로 인한 것이다. 자기 관리는 눈속임이거나, 자신과 맺는 진정한 관계가 반영되는 경우조차도 외부의 명령에 대한 반응이다. **자기를 위한** 자기 관리이기보다는 **타자를 위한** 자기 관리인 것이다. 몸에 대한 이러한 관심은 여성이 계속해서 사회적으로 존재해 나갈 수 있기 위한 조건이다. 자신을 돌보는 것조차 사회의 암묵적인 요구사항이다. 이때 돌봄은 자신과 섬세한 관계를 맺으면서 느낄 수 있는 편안함과 기쁨 대신 내면화된 기대가 초래하는 긴장감으로 가득 차 있다.

이처럼 자신을 침범하도록 허용하고 자기 몸의 향유를 타인에게 내맡기다 보면 끝내 정신적으로도 자신을 빼앗기며, 그 결과

---

82 *Ibid.*, p.154.

여성은 끊임없이 "염려하는préoccupées" 상태에 놓인다. 이러한 내적 신경씀occupation은 "정신적 부담" 같은 개념을 넘어선다. 여성들은 사실상 존재론적 연속성을 책임지는 임무를 맡는다.[83] 그들은 현실에 난 균열을 메운다. 아동정신의학자 도널드 위니콧은 "모성적 염려"를 구성하는 "일시적 광기"를 이론화한 바 있다.[84] 어머니는 아이의 욕망, 필요와 현실 사이에 불연속성이 없는지 확인해야만 한다. 어머니는 현실이 아이의 기대와 일치하도록 해야만 한다. 위니콧은 매우 특수한 이러한 심리 상태가 아이가 성장하면서 사라진다고 주장한다. 그러나 우리는 이처럼 연속성에 대한 욕구에 사로잡힌 어머니의 상태가 이후로도 지속된다고 주장할 수 있다. 어머니는 결핍, 공백이 있도록 내버려둬서는 안 되고, 냉장고와 찬장을 채우고, 아이의 몸에 맞게 옷을 입혀야 한다. 어머니는 우리 삶의 연속성을 직조해 내고, 다나오스왕의 술통[85]—이는 아이들의 필요, 남자들의 욕망, 일상생활의 유지에 대한 메타포다—이 비어 있지 않게 해야 한다. 공허와 균열을 메워 숨겨야 하며, 침묵을 채우고 부재를 벌충해야 한다. 어머니의 파편화된 시간은 틈의 존재를 잊게 하고, 중단과 흠, 타인의 실존에 생긴 불연속성을 감추는 데 바쳐진다. "그녀는 다른 사람, 가족구성원들, 외

---

[83] 이 일이 여성만이 할 수 있는 것이라고 본질주의적 방식으로 독해해서는 안 된다. 남성 역시 동일한 부담을 질 수 있다. 실제로 일부 남성들은 일상적으로 이러한 부담을 진다. 그러나 통계적으로 이러한 남성은 여전히 소수며, 이는 재택근무, 홈스쿨링, 가사노동이라는 삼중의 불가능한 요구를 직면해야 했던 팬데믹 격리 기간의 경험으로도 확증되었다.

[84] Donald W. Winnicott, *Le bébé et sa mère*, Payot, 2017.

[85] 그리스 로마 신화에 등장하는 왕으로, 그의 딸들은 살인의 대가로 구멍난 술통에 물을 끊임없이 채우는 벌을 받는다. —옮긴이

부 기관의 시간표에 맞춰 자신의 시간표를 그려야 한다."[86] 어머니는 "자신의 시간의 불연속성으로부터 고요하고도 명백한 연속성을 만들어 낸다."[87] 그러나 어머니 자신의 시간은 그만큼 더 파편화된다.

여성은 우리를 압도하는 것들을 정리하고 질서를 유지할 책임을 진다. 여성은 넘쳐 나는 감정, 질문, 간청을 감당해 낸다. 자신의 심리적 과부하를 견뎌 내면서, "내적"으로 침범하는 무질서뿐만 아니라 "집안을 침범하는[88]" 무질서도 관리한다. 여성은 물질적 혼란을 정리하고, 심리적 혼돈을 방지하며, 생각을 조정하여 견딜 수 있는 것으로 만들고, 흩어져 있는 실존에 선형성을 부여한다. 현실을 하나로 묶어 내기 위해 예측하고, 예상하고, 계획한다. 다른 사람들이 범속한 고려 사항들에 시달리거나 방해받지 않도록 그들이 신경 써야 할 일들을 단순화해 주고, 길을 밝혀 준다. "지속해 나가기 위해, 생존하고 살아남기 위해 찬장에 무엇이 있는지, 언제든 필요한 모든 것이 준비되어 있는지"를 아는 것은 여성의 몫이다. "삶이라는 항해를 해나가는 선박의 자급자족"[89]을 보장하는 것은 여성들이다. 여성의 관심사는 지속이다. 일시적인 것들의 논리가 서로 너무 충돌하지 않도록 같은 칸 안에 정렬하고, 일상의 끈을 붙잡고, 버텨 내는 것이다.

여성은 스스로 고단함을 감수하는 대가로 풍요로움을 보장하고, 분산된 내적 상태를 감수하는 대가로 현실의 연속성을 보장한

---

86 Marguerite Duras, *op. cit.*, p.57.
87 *Ibid.*, p.68.
88 *Ibid.*, p.56.
89 *Ibid.*, p.61.

다. 지속의 창조자인 여성은 정작 자기 자신은 순간 속에 가둔 채 끊임없이 순간을 갱신한다. 끊임없이 자신의 바깥으로 몰리면서 진정한 자기 현존을 실험하는 것은 불가능한 일이다. 그렇다면 어떻게 해야 자신의 "참된 차원", 자기 고유의 시간성을 되찾을 수 있을까?

제 목소리 찾기

나는 언제부터 내 목소리를 잃었을까? 아마도 수년에 걸쳐 조금씩 희미해진 것 같다. 웃음, 고함, 시끄럽고 직설적인 말들은 나의 음성 레퍼토리에서 사라졌다. 나는 현명해진 걸까? 아니면 체념한 걸까? 나는 누군가가 내 말허리를 자르고, 내 "입에 못을 박고", 나 대신 말하고, 나에게 삶의 의미를 설명하는 것에 지쳐 버렸다. 내 입을 막은 보이지 않는 손은 누구의 것일까? 내 손이다. 내 목소리는 타인의 목소리에 의해 방해받거나 가려지지 않을 때조차도 점점 더 조용해졌기 때문이다. **데크레센도**. 내 목소리는 다른 사람들과 어울리기 위해 허용되는 범위에서 조절되었고, 그것은 내가 종종 음 소거 상태를 유지해야 한다는 것을 의미했다. 나는 내 의견을 말하고, 발언하고, 내 말에 귀 기울이게 하기 위해 다른 사람들보다 소리 높여 목소리 내기를 포기했다. 나는 종종 조언받았던 대로 말투를 바꾸었다. 우리가 목소리를 억누르고 희미해지게 한다면, 그것은 거대한 사회적 합창 중 한 부분이 되고자 하는 바람에서다.[90] 이는 미국 철학자 캐럴 길리건이 『다른 목소리로』에서 제시한 생각으로, 이 책에서는 어린 소녀들의 자기 검열 과정이 분석된다. 소녀들은 자신이 실제로 느끼는 것을 표현하지

---

90 캐롤 길리건의 저서 『다른 목소리로』의 24절에 나오는 타냐와 아이리스의 증언이 이를 설명한 바 있다. "타냐, 15세: "내 신념을 표현하는 목소리는 마음속 깊은 곳에 묻혀 있어요." 아이리스, 17세: "내 감정과 생각을 솔직하게 털어놓는다면 아마 아무도 나와 함께 있으려 하지 않을 겁니다. 내 목소리가 너무 클 테니까요. (…) 하지만 관계를 맺어야만 하잖아요.""

않는다. 자신의 통찰력은 체계적으로 평가절하당하기에 "통찰력 있는 목소리"를 내는 것도 스스로 금한다.[91] 소녀들의 의견은 너무 "시끄럽기" 때문에, 그들은 소리를 낮추고 개성을 조금도 표현하지 않는 평이하고 억양 없는 목소리를 낸다. 그들에게 남는 것은 아무것도 싣지 않아 거짓되게 들리는 중립적인 목소리뿐이다. 정신분석가가 내담자의 말에서 침묵과 리듬의 변화에 주목하는 것과 마찬가지로, 길리건은 민주적 이상에 대한 열망과 가부장적 권력의 관습 사이의 긴장 징후인 "목소리의 변화, 말의 끊김과 불협화음"에 주목한다.[92] 목소리의 울림은 사회적 "입문"이라는 시련의 과정에서 변화를 겪으며, 특정 방식으로 울리는 특정 테시투라[93]에 맞춰져 특정한 반응을 만들어 낸다.[94] 이미 쓰인 대화에 삽입되기 위해 자신의 목소리를 변경하고 제 것이 아닌 선율에 익숙해지는 일이 내면 깊은 곳에 어떠한 심리적 결과도 일으키지 않을 리 없다. 감정과 자아 감각이 긴밀하게 얽혀 있는 목소리의 변화는 주체가 자신과 맺는 관계에 심각한 변화를 초래한다.

길리건과 공동 집필한 『가부장 무너뜨리기』에서 나오미 스나

[91] *Ibid.*, 22절: "『다른 목소리로』의 수많은 독자에게 에이미의 목소리가 그토록 매력적인 이유가 이것이다. 이치에 닿지만 들리지도, 인정받지도 못하는 목소리. 그 통찰력 있는 목소리는 수많은 여성이 순진하고 거짓되며 어리석고 미쳤다는 이유로 거부하기를 배워 온 목소리다. 그것이 자주 들리는 목소리라는 이유로."

[92] *Ibid.*, 1절: "처음부터 내 관심을 끌었던 목소리의 변화, 불협화음, 도약, 말의 끊김은 민주적 이상, 비전과 가부장제 권력의 영속, 특권 사이에 온존하는 긴장 및 모순과 연관된다."

[93] 음악 용어로, 사람의 목소리나 악기가 가장 편안하고 안정적인 음색을 내는 영역을 뜻한다. —옮긴이.

[94] Carol Gilligan, Naomi Snider, *Pourquoi le patriaract?*, Flammarion, Climats, 2019. 캐럴 길리건·나오미 스타이더, 『가부장 무너뜨리기』, 이경미 옮김, 심플라이프, 2019.

이더는 목소리가 "너무 큰" 아이리스와 에이미라는 인물에게서 연구자 자신의 모습을 발견한다.[95] 입을 다무는 것은 자리를 찾고자 하는 소망을 충족시키기 위한 필수 조건이 될 것이다. 소녀들의 경험은 스나이더 자신의 경험과 마찬가지로 새장 속에 돌아가는 데 동의하는 자발적 신체 절단과 같다. "자신의 목소리를 내지 않겠다는"[96] 아이리스의 결정은 나오미 스나이더 자신이 "축소"되기 위해 경주했던 노력을 상기시킨다. "복화술사의 인형처럼 내가 하고 싶은 말이 아니라 다른 이들이 듣고 싶어 할 만한 말을 해야 한다는 생각이 밀려듭니다." 의미심장하게도 이 장의 제목은 "첫 번째 징후: 상실과의 관계"[97]다. 우리는 자리를 찾기 위해 목소리를 상실하며, 들렸으면 하는 소망에서 자기를 표현하기를 포기한다. 그러나 이때 우리가 실제로 포기하는 것은 자신의 고유한 정체성이다. 같은 책에서 길리건은 우울증에 걸린 십 대 소녀 캐리가 자신의 낙담을 표현하며 사용했던 말로 돌아온다. 항상 다른 사람들을 만족시키려고 노력하느라 지치고 하나의 개인으로서는 사라져 버린 그녀는 자신이 자기가 아닌 다른 어떤 사람이 되었으며 이제는 과거의 자신이 누구였는지도 알 수 없게 되어 버렸다고 말한다. 이처럼 "당신은 당신 자신의 그림자가 되어 버려요. (…) 과거에 당신이라 칭했던 정체성이 사라집니다. 전혀 다른 사람이 되는 겁니다. 그래서 마음 깊은 곳에서는 결코 제자리에 있다고 느끼지

---

95 *Ibid.*, 침묵의 내면화에 관한 생각은 45쪽(국역본, 49쪽)에서 다시 찾을 수 있다. "내 감정과 생각을 솔직하게 털어놓는다면 아마 아무도 나와 함께 있으려 하지 않을 겁니다. 내 목소리가 너무 클 테니까요."

96 *Ibid.*, p. 51. 국역본, 53쪽.

97 국역본에서는 '감옥과도 같은 안식처'로 번역되어 있다. —옮긴이.

못해요. 자신을 알아보지 못하는 것이죠."[98]

제자리에 있다는 것은 육체적인 경험이다. 목소리가 검열이나 지배적인 목소리에 의해 억눌리지 않고, 타인에게서 빌려온 것도 아니며, 불안으로 떨리거나 강압에 의해 흔들리지 않는 내 것일 때, 그리하여 내 목소리가 안정을 찾는 그때, 그제야 비로소 나는 내 자리에 있는 것이다. 어쩌면 제자리에 있다는 것은 자신의 고유한 목소리, 묻혀 있던 목소리를 해방시켜 그로부터 테시투라를 발견하는 데서 시작하는 것인지도 모른다.[99] 이는 다른 삶의 경험, 현실에 대한 다른 관점을 듣게 할 뿐 아니라 "인간적인 대화"를 강화하는 목소리이며, 지금까지 침묵되어 왔던 새로운 문제를 표면으로 끌어올리는 목소리다.

---

98 *Ibid.*, p. 66. 국역본, 67쪽.
99 *Ibid.*, p. 56. 국역본, 58쪽. : "그 시간에 나는 내 실존의 심장부에서 올라오는, 다시 생각하거나 검열 과정을 거치지 않은 채 실시간으로 떠오르는 생각과 느낌을 생생하게 전달하는 내 목소리를 경험했습니다."

불손한 사람들

감히 떠날 줄 아는 사람들은 누구인가? 멀리서 바라본 그들은 어떤 모습인가? 제자리에 머물지 않고 만족하는 법을 모르는 그들은 불손해 보일 수 있다. 그들은 다른 방향을 바라보기 위해 떠날 수 있고, 아무도 기대하지 않는 것을 자신에게 부과하면서 사람들의 신경을 자극하고, 타인의 속임수를 폭로하기도 하고, 카드의 패를 다시 섞는다. 불손한 그들은 집으로부터 멀리 떨어진 곳에 초대장도 없이 불쑥 나타나고, 이미 자리 잡은 사람들을 쫓아내고, 단골들을 당황시킨다. 그들은 사회적 삶이 놀라움, 창조, 예기치 못한 것, 실망과 같이 모든 생명체가 공유하는 논리로 움직인다는 것을 나름의 방식으로 환기시킨다. 존재가 옴짝달싹 못하고 있다면 무언가가 그를 가두기 때문이다. 존재는 생명체가 계절과 세월의 흐름에 따라 모습을 바꾸는 것과 같은 방식으로 변화한다. 생물학적 세계는 끊임없이 변화하는데 인간의 실존은 왜 고정과 반복에 종속되어야 하는가? 습관의 힘으로 안정을 만들어 내는 것은 인간의 특권이지만, 그것은 부동성의 덫으로 자신을 옭아매기도 한다. 왜 우리는 태어난 곳에 머물러야만 하며, 다른 사람들이 정한 자리에 만족해야 하는가?

불손함은 그러므로 제자리에서 벗어나 전혀 다른 자리를 얻고자 하는 야망이자 갈망, 욕망이고, 우리와 어울리는 자리, 우리를 나타내고 표현하는 자리를 직접 창조하겠다는 각오다. 우리의 치수에 맞는 자리, 야망과 장점, 능력의 크기에 맞는 자리를 말이다. 그리하여 우리는 의도치 않게 때때로 불손한 사람이 된다. 관습, 규범을 낯설어 하는 우리는 기존의 기준들과는 다르게 행동하며, 우리의 태도는 거칠거나 도발적으로 보일 수 있다. 우리가 무언가 뒤흔들어 놓는다면 그것은 우리가 서툴러서일 수 있다. 우리는 더 큰 몸짓으로 더 중대한 결정을 내리려고 하기 때문이다. 우리는 여기저기 부딪힌다. 불손한 사람들은 제도를 동요시키고, 풍속을 뒤흔들며, 굳게 닫혀 있던 옷장 안에 신선한 공기를 불어 넣으려 한다. 그들은 틈새로 끼어들고, 여백에 글을 쓰고, 틀 바깥으로 빠져나온다. 규칙을 벗어나고, 경계선을 넘나들고, 땅에 그어진 표시들을 비웃으며 하늘을 향해 눈을 돌린다.

그들의 내면을 바라보면 이는 교만이나 오만이 아닌 불편함과 수치심의 문제임을 알 수 있다. 내가 다른 자리를 갈망한다면, 그것은 어쩌다 속하게 된 지금의 자리에서 내가 죽어가기 때문이다. 나는 부서진 배처럼 좌초되고 실패를 선고받는다. 편안하지 않다는 느낌, 진정성이 없다는 느낌, 마음 깊은 곳의 불편함은 나로 하여금 다른 지평을 찾게 한다. 내가 노동자, 농민, 장인, 하인이거나 그들의 자식일 뿐이라는 게 부끄러운 이유는 가까운 사람들에게서 이어받은 열등감 때문이며, 그들이 얻지 못한 성공을 내가 거머쥐기를 바라는 그들의 욕망 때문이기도 하다. 그리하여 나는 내가 나일 뿐임을 부끄러워하며 내 "한계"[100]를 의식하게 된다. 나는

---

[100] Annie Ernaux, *Le vrai lieu*, entretiens avec Michelle Porte, Gallimard, 2014, p. 64, 아니 에르노, 『진정한 장소』, 신유진 옮김, 1984BOOKS, 2019, 80쪽. 작가는 자신의 부모를 언급하며 "오래된, 뿌리 깊은 두려움이자 그들의 한계에 대한 확신"에 대해 말한다. [원문에는 책의 제목이 *L'écriture comme un couteau*로 잘못 표기되어 있다. 이하 잘못 표기

내가 있어서는 안 될 곳에 있는 것이 두렵다. 아니 에르노는 『남자의 자리』에서 열차의 잘못 탄 칸에서 길을 잃어버린 그녀의 아버지가 "부적절한 행동déplacé"을 할 수 있다는 데서 불안, 수치심을 느꼈던 것을 회상한다.

"부적절한 행동을 하지 않을까, 창피를 당하지 않을까 두려워했다. 어느 날, 그는 실수로 이등석 열차표를 갖고 일등석에 올라탔다. 검표원은 그에게 추가 요금을 내게 했다. 또 다른 창피한 기억은 공증인 사무실에서 일어난 일이다. 처음으로 '위 내용을 읽고 동의함lu et approuvé'이라고 적어야 했다. 그는 그 문장을 어떻게 써야 하는지 몰랐고 '위의 내용을 읽고 증명할 것lu et á prouver'이라고 쓰고 말았다. 돌아오는 길에 그는 이 실수를 계속 곱씹으며 거북해했다. 수치심으로 얼굴에 그늘이 졌다."[101]

습관의 틀에서 벗어나는 순간 옥죄게 될 한계를 의식하여 자신을 어디에 두어야 할지, 어떻게 표현해야 할지 모르는 것, 그리고 내가 나일 뿐이라는 사실에서 느끼는 부끄러움은 사소하다고 생각하는 이 자리에 나를 매몰시킨다.[102] 그러나 내가 되고 싶어 하는 그 사람, 내 안에서 어떤 예감을 느끼는 그 사람과 너무 동떨어진 실존에 만족하는 것도 부끄러운 일이다. 우리가 모든 것을 무릅쓰고 하나의 실존 영역에서 다른 영역으로 넘어가려는 이유는 경계를 넘는 순간 벌금을 부과해야 하는 이등 시민으로 남은 채 체념

된 출처는 일괄 수정했다. —옮긴이.]

[101] Annie Ernaux, *La place*, Gallimard, Folio, 1983, p. 59. 아니 에르노, 『남자의 자리』, 신유진 옮김, 1984BOOKS, 2021, 52쪽.

[102] *Ibid.*, p. 60. 국역본, 53쪽: "우리가 지금의 우리가 아니었다면, 다시 말해 열등하지 않았다면 분명 알 수 있었던 것을 모른다는 사실이 부끄러웠다.".

할 수 없기 때문이다. 내가 이 장소를 떠나기로 결심한다면, 그 이유는 내가 무엇인가 될 수 없도록 방해하는 모든 것 때문이다. 실존에 의해 짓밟히고 사회적 멸시로 상처 입은 사람들에게 존엄성을 돌려주기 위해서다. 우리가 성공을 거둔다면, 희생, 사랑, 신뢰를 통해 한계를 넘어서려 하는 소망을 우리에게 심어준 사람들의 명예 또한 회복할 수 있다. 그러나 그렇게 차지하게 된 자리는 견디기 힘들기도 하다. 성공은 부분적으로 우리가 빚진 사람들의 사회적 열등함을 굳히는 것이기 때문이다. 그들은 우리가 "그들보다 나은 사람"[103]이 될 수 있으리라 확신했던 사람들이다. 우리로 하여금 출신 집단을 떠나게 했던 배반은, 역설적이게도 우리가 자신보다 성공하기를 바라고 그들을 위해 그들 대신á leur place 성공하기를 바랐던 사람들의 야망으로부터 간접적으로 물려받는 것이다. 이것이 "더 나은 사람"이 되면서도 과거에 머무르고자 하는 이중 명령에 사로잡힌 사람들의 고통이며 찢김이다.

"부모님과 문화적으로 분리된 자식들의 고통은 부모들이 자식들이 더 교육받는 것, 그러므로 더 행복해지는 것, "그들보다 더 나아지는 것"을 (…) 바라는 동시에 그들이 알던 아이 그대로 남아주기를, 그들과 같은 것에 웃을 수 있기를, 그들과 같은 텔레비전 프로그램을 볼 수 있기를 바란다는 점에서 나오죠. 아이들을 도중에 잃지 않기를 바라는 거예요. 배우는 것과 그대로 남아 있는 것이라는 이중적인 제약이 있죠. 저의 고통은 제가 할 수 없다는 데 있었어요."[104]

103 *Ibid.*, p. 74. 국역본, 66쪽: "자신보다는 나은 사람이 될 것이라는 희망"
104 Annie Ernaux, *Le vrai lieu, op.cit.*, p. 51. 국역본, 61-62쪽.

침입의
논리

그렇다면 어디로 가야 할까? 어떻게 길을 만들어야 할까? 우리가 다르게 존재할 수 있는 곳, 어쩌면 더 적절하게 존재할 수 있는 장소를 찾아야 하며, 공간을 새로이 측량하여 우리만의 공간을 만들어야 한다. 그것은 때때로 침입을 의미한다. 힘으로 뚫고 들어가야 한다는 의미에서가 아니라, 우리가 붙잡혀 있는 곳, 파묻힌 채 갇혀 있는 곳을 박차고 나가는 데 성공해야만 한다는 의미에서 그렇다. 어쩌면 떠나는 것은 그 자체로 대담하게 진입하는 것만큼 어려운 일이다.

자리 바꾸기는 종종 장소의 변화를 필연적으로 수반한다. "자리"라는 단어가 다의적인 것은 우연이 아니다. 자리를 바꾸기 위해 나는 다른 장소들을 통과해야만 하며, 동시에 그 장소들이 나를 통과하여 나를 변화시키도록 해야만 한다. 장소는 물질적 원조와 같이 다른 자리로 접근하도록 매개해 준다. 배우나 변호사라는 직업은 내가 극장에 자주 가거나 부모님의 친구가 그중 하나에 종사하고 있을 때 심리적으로 보다 쉽게 접근할 수 있는 직업으로 다가올 것이다. 어떤 자리가 덜 구체적이고 상상에 불과할수록 그 자리를 차지하고 그곳에 거주하기를 바라는 희망 역시 줄어든다. 물론 그 자리가 환상처럼 대단한 매력을 뿜어낼 수도 있다. 그러나 사회적 자리의 현실을 파악하고, 그것이 그리는 윤곽을 알아내고, 외양을 훑어보는 일은 내가 품은 가능성의 범위 안에서 그 자리가 한층 더 구체적으로 존재할 수 있도록 돕는 게 사실이다.

이 새로운 공간은 내가 걷는 길에서 우연히 나타나기도 한다. 장소들이 충분히 잘 짜여 있다면, 그것은 피할 수 없는 방식으로 나의 길목에 놓여 있을 것이다. 학교, 도서관, 커뮤니티 센터가 있고, 거기서 나의 소명이 탄생하고, 재능이 나타나며, 가능성이 구체화된다. 이는 무료 이용, 접근 가능한 시설, 운영 시간 등을 통해서 이루어진다. 운명의 갈림길, 예상치 못한 길, 성공으로 향하는 길이 어디서 시작되겠는가? 우리는 교육 기관 및 문화 기관의 자리를 지리적이고 상징적인 중심에 두어야 하며, 정치는 그러한 정책으로 예기치 못한 것을 자극하고 창조해 내는 일에 지속적으로 관심을 가져야 한다. 도시 지형을 배치하는 일이 중요한 이유는 이 때문이다. 주민들의 경로를 적절하게 설계하여, 그들의 머릿속에 이미 자리의 윤곽이 그려져 있는 다른 가능한 삶으로 통하는 문과 통로에 쉽게 접근할 수 있도록 해야 한다. 밖이 너무 춥거나 딱히 할 일이 없어서, 혹은 친구가 데려가 알게 된 그 낯선 장소에서 나는 새로운 습관을 익히고, 새로운 자세를 취하고, 다른 존재 방식을 맛보게 된다. 그것이 도서관이라면 나는 조용히 침묵할 것이다. 그것이 연극 동호회라면 나는 활기찬 모습을 보일 것이다. 그것이 스포츠 경기장이라면 나는 비좁은 방에 갇혀 빙글빙글 돌던 에너지를 모두 발산할 수 있을 것이다.

　그러나 한 지점에서 다른 지점으로 이동하는 것은 침입이기도 하다. 그것은 단순히 떠나는 것이 아니라 우리를 둘러싼 무언가를 부수는 일이며, 단순히 도망치거나 탈주하는 것이 아니라 외부를 향한 틈을 만들어 열어젖히고 그로부터 빛이 새어 들어오게 하는 것이다. 침입은 문자 그대로 외부, 바깥, 다른 곳을 향해 가기 위해 부수는 fringere 행위다. 원환을 열어 장벽을 허무는 행위다. 우리 존재는 왜 침입이 필요할까? 우리 중 어떤 사람들은 어째서 갇혀 있고, 소외되고, 외면당한다고 느끼는 공간 밖에서 진정으로 존재하기 위해 자신을 가두는 것을 깨부수어야 할까? 너무 빽빽하거나 황량해서 개인의 가능성에 한계가 있다고 느끼는 현실의 공간이란 무엇일까? 우리는 대도시의 주거단지부터 생각하겠지만, 지방에서는 오늘날에도 여전히 지리적 고립, 문화적 폐쇄성, 교육 기회의 제한으로 인해 젊은이들이 제약받는다.[105]

새로운 실존의 노정에서 암묵적 규칙, 사회의 잠재적 결정론을 위반하는 것, 터무니없는 줄 알면서도 자기검열("우리는 안 돼") 때문에 내면화된 금기를 위반하는 것, 그리고 새로운 공간으로의 침입, 정복, 침투는 어떠한 방식으로 출발점이 되어 주는가?

존재하기 위해서는 무엇을 깨부수어야 할까? 무엇보다 갇힌 공간에 덧붙여져 장벽으로 기능하는 표상들을 깨부수어야 한다. 침입이라는 용어는 일종의 난폭함을 암시하지만, 그것은 새로운 영토에 대한 신중하고 점진적인 접근, 하나의 영토에서 다른 영토로의 이동도 의미할 수 있다. 그것은 관점의 변화이자 질 들뢰즈의 용어로 "탈영토화"가 될 수 있다. 우리는 갈망하는 공간을 향해 발소리를 죽인 채 나아갈 수 있고, 자신의 속임수에 속아 넘어가 스스로도 의식하지 못한 채 그곳에 도달할 수도 있다. 현대 미술가 카데르 아티아는 십 대 시절 인근 시장에서 점원으로 일하던 자신

---

[105] 지방 젊은이들이 겪은 이동성의 제약은 최근의 보건 위기로 인해 더욱 심화된 것으로 보인다. Cf. Benoît Coquard, *Ceux qui restent*, La Découverte, 2019, et Salomé Berlioux, *Nos campagnes suspendues*, L'Observatoire, 2020.

이 몸을 녹이기 위해 도서관에 들어갔던 이야기를 들려준다. 그는 그곳에서 책을 훑어보는 습관을 갖게 되었고, 일이 년간 도서관에서 책을 읽다가 마침내 책을 대출받게 된다.

"시장의 끝자락에 도서관 문이 있었어요. 어느 날 추위에 떨다가 그곳에 들어가 책 한 권을 집어 들었는데 그것이 습관이 된 것이죠. (…) 하루는 책을 가져가고 싶다는 생각이 들더군요. 그래서 결국 회비를 내고 대출카드를 발급받은 후 책을 잔뜩 들고 집으로 돌아갈 수 있었어요. 자, 이게 바로 무단 침입이라는 것입니다."[106]

우리가 자리를 옮기게 되는 장소들은 상상적·허구적·상징적이기도 한다. 그곳은 처음에는 도서관이었지만, 점차 다른 세계가 솟구쳐 오르는 책 속 공간이 되었다. 이처럼 공간적 여정은 상징적 개방을 통해 생계를 유지하는 장소에서 다른 가능한 실존을 발명하는 공간으로 우리를 이동시킨다. 예술가의 작업을 이러한 침입 행위로 정의하는 아티아는 〈콘크리트 속에서도 뿌리는 자란다〉는 의미심장한 제목의 전시회에서 우리를 가두는 요새 안에 균열을 창조해 내야 할 필요성을 환기시킨다. "침입의 인류학이 작업의 중심에 놓는 것은 존재하기 위해 침입해야만 했던 인간이 실험해 본 침입의 필연성입니다."[107]

---

106 「카데르 아티아: 침입의 인류학」, 베르나르 레종Bernard Raison과의 인터뷰, *Revue des Deux Mondes*, 2018년 3월호에 게재.

107 *Ibid.*

자리의
곤경

하지만 새로운 자리를 찾으려는 노력 때문에 오히려 자리를 놓칠 수도 있다. 보다 정확히는, 이행과 세계 횡단 경험의 표식을 벗어나지 못한 채 두 자리 사이를 끝없이 항해할 수 있다. 어떠한 자리에 도달하기 위해 아주 멀리까지 여행하고서도 끝내 그 어디에도 도착하지 못할 수 있는 것이다. 하나의 장소 대신 여행의 시련만 남고 움직임의 과정에서 겪었던 역등과 노력이 우리 성격의 불안이 되고, 출발점과 도착점 사이의 진동이 내적 움직임, 진정시킬 수 없는 동요로 각인되는 것이다.

그럴 경우 우리는 언제나 두 장소, 정체성의 두 얼굴, 두 언어, 두 국가, 두 환경 사이에 머물러 있을 것이다. 우리는 가족을 떠나던 때의 자신과는 다르지만, 그것이 망명, 전쟁과 같은 상황적인 이유이든 자신의 의지에 의한 것이든, 새로이 합류한 사람들과 결코 완전히 닮을 수는 없다. 아니 에르노는 자신이 떠나온 사람들과 계속해서 동일시하는 계급적 전향자의 찢김에 대해 말한다. 그녀는 현재의 자신과 닮은 여성들에게서 자신을 알아보려고 애쓰지만, 그럼에도 불구하고

"나는 지금의 내 모습을 한 여자를 좋아하지 않아요. 어쩌면 나를 닮은 여자들이라고 해야겠죠. 이것을 찢김이라고 합니다."[108]

철학자 샹탈 자케가 정당하게 분석했듯 계급 횡단자들은 "두 세계의 교차점에" 있기 때문에 "출신 환경 및 도달한 환경과 관련

---

[108] 아니 에르노의 인터뷰, *BibliObs*, 2011년 12월 11일자.

하여 이중의 거리"를 경험한다. 이들은 "거리의 에토스", 즉 "이행을 실천하고 사이를 경험한 데서 형성되는 존재 방식"으로 특징지어진다.[109] 이러한 의미에서 계급 횡단자들은 망명자와 같이 과거 자신이 속해 있던 땅에 전적으로 돌아가지도 않고, 새로운 국적을 완전히 취득하는 일도 없다. 그에게는 자국의 이방인인 동시에 망명국의 이방인이라는 이중적 차이의 인장이 찍혀 있다.[110] 그는 한 발로 춤추다 다른 발로 옮겨 가고, 어딘가에 진정으로 정착하는 일 없이 내적인 왕복 여행을 멈추지 못한다. 그는 계속해서 두 극단 사이를 오가는 삶을 산다. 그에게는 두 가지 행동 양식, 두 개의 언어가 있다. 이 두 극단이 각각 그를 끌어당기는 힘은 달이 조수를 변화시키듯 삶의 여정에 따라 변화한다. 이러한 내적 움직임의 진폭, 찢김의 강도는 그들이 출발지로 돌아가든 수평선을 향해 나아가든 언제나 조류를 거슬러 헤엄칠 운명인 영원한 "이주자들 déplacés"의 삶에 리듬을 부여한다.

에르노에게 이러한 "세상과의 분리"는 고통스럽게 "몸에 새겨진다."[111] 그것은 "도시의 구역과 사람들의 머릿속에 교묘하게"[112] 표시된다. 이것은 보이지 않는 배제의 경험이다. 언제나 환

---

109 Chantal Jaquet, *Les transclasses ou la non-reproduction*, Paris, PUF, 2014, p. 140. 샹탈 자케, 『계급횡단자들 혹은 비-재생산』, 류희철 옮김, 그린비, 2024.

110 *Ibid.*, p. 152: "계급 횡단은 과거 친숙했던 세계를 동일한 곳으로 남겨 두지 않는다. 그곳에서도 그는 실향민이다. 그와 타인들 사이에는 언제나 남은 자들과의 차이가 존속할 것이다. (…) 그는 자신의 고향에서도 이방인이 된다."

111 Annie Ernaux, *Le vrai lieu, op. cit.*, p. 27. 『진정한 장소』, 30쪽: "그 분리가 제 안에 새겨져 있다고 생각해요. 세상의 분리요."

112 *Ibid.*, p. 24. 국역본, 26쪽: "그곳에 온 이방인의 눈에는 보이지 않지만, 도시의 구역과 사람들의 머릿속에는 교묘하게 새겨져 있죠."

영받지 못하는 비합법적인 존재로 느껴지는 공간이, "침입해" 들어간다는 느낌을 주는 접근 불가능한 장소가 있다.[113] 그곳에는 "우리가 속해 있지 않은" 이 세상의 일부가 아니라는 인상이 손에 잡힐 듯 구체적으로 감지될 뿐 아니라 끈질기게 남는다. 우리의 현존과 사회적 공간에서의 성공이 하나의 "변칙"처럼 낯설게 느껴져 그것을 향유할 수도 없게 되는 것이다.

"그 경우 우수한 성적은 승리가 아닌 놀라운 일시적 행운처럼, 일종의 비정상처럼 받아들여지죠. 아무튼 자신이 속해 있지 않은 세계에 있는 거니까요."[114]

우리는 성공할 때도 신중하기를 요구받는다. 피에르 부르디외는 『자기 분석에 대한 초고』에서 그와 같은 현상을 다룬다. 우리가 교육 기관 안에서 폭력과 불의를 당한 적이 있는 한 그에 대한 의심과 의혹, 의문을 품지 않을 수 없으며, 그럴 경우 충분한 인정을 경험하기란 불가능하다. 그는 "마치 인정받았다고 느꼈던 자신의 확신이 거만하고 기만적인 나쁜 어머니, 즉 인정 기관의 가장 근원적인 불확실성으로 인해, 자기 원칙 자체로 부식한 것과 같다"[115]고 말한다. "나쁜 어머니"라는 강력한 형상은 인정 경험이 얼마나 쉽게 손가락 사이로 빠져나가 버리는지를 보여 준다. 우리가 성공할 수 있게 도와준 사람들에게 의혹을 품는다면 그 성공에 무슨 가

---

113 *Ibid.*, p. 23. 국역본, 25-26쪽: "파리에 가면 6구나 7구처럼, 항상 제가 받아들여지지 않는 것 같은, 불법 침입으로 그곳에 있는 것 같은 동네들이 있어요."

114 Annie Ernaux, *L'écriture comme un couteau*, Gallimard, Folio, 2011, p. 63-64. 『칼 같은 글쓰기』, 90쪽.

115 Pierre Bourdieu, *Esquisse pour une auto-analyse*, Raisons d'agir, 2004, p. 127. 피에르 부르디외, 『자기 분석에 대한 초고』, 유민희 옮김, 동문선, 2008, 105쪽.

치가 있을까? 거짓말로 우리를 속인 사람들의 애정에 어떤 가치가 있을까?

이처럼 새로운 영역으로 올라가 보려는 노력의 결실은 우리를 벗어나고, 이 세계에서 우리는 유리창 너머의 아이처럼 배우이기보다는 관객으로 존재한다. 바로 눈앞에 있음에도 접근할 수 없는 것이다. 에르노의 용어를 빌리자면 우리는 "엑스트라"로서 그곳에 진입한다. 마치 우리의 진짜 삶은 멀리 떨어져 있고, 우리는 일어나는 일들에 진정으로 참여하지 못하는 것과 같다.[116] 부르디외 역시 "우리의 환경에서 일찍이 경험하지 못한 어떤 문화적 사실 앞에서 겪었던 당황함과 무질서"[117]에 대해 설명한다. 이 환경에 속한 척, 이 장면을 사는 척하지만, 내적으로는 거리감을 느끼고 무관심한 것조차 가능하다. 마치 그곳에 충분히 존재하지 못하는 것처럼. 그 순간의 일부가 되지 못하고, 진정으로 살아 내지도 못하며, 현실에 정면으로 뛰어들지 못하고 연루되지도 못하는 것처럼.

나에게도 그처럼 희미하고 모호하게 존재했던 기억이 있다. 현실이 너무 조밀하고 무겁고 두꺼웠던 것처럼, 찢어지지 않는 베일이 나와 현실을 분리시켰던 것처럼, 현실에 스며드는 데 어려움을 겪었던 것을 기억한다. 무언가에 참여하고, 대화에 끼어들고, 무리 속에 들어가고, 팀의 일원이 되는 일이 얼마나 어려웠던가를. 그 일부가 되고자 간절히 바라며 마음속으로 기도했던 것을 기억한다. 그럴 때는 우리를 둘러싼 어떤 분위기, 만질 수는 없지만 느

---

116 Annie Ernaux, *op. cit.*, p. 20.
117 Pierre Bourdieu, *op. cit.*, p. 126. 국역본, 104쪽.

꺼지는 어떤 것, 존재와 가시성의 아우라 같은 것이 우리를 피하고 배제하는 것만 같다. 그리하여 우리는 현존의 보이지 않는 원 안으로 들어가지 못한 채 마비된 것처럼 저 멀리 기슭에 서 있게 된다. 우리는 춤에 참여하고 싶지만 기세도, 대담함도, 자신감도 부족하다. 여유로움과 유연함도 부족하다. 어쩌면 마음속 깊은 곳에서는 열망도 흥미도 없는 것인지 모른다. 그 쇼가 우리 눈에 너무 낯설게 느껴져서 이따금 부조리극으로 보일 정도로 말이다.

"저는 에토스와 존재의 방식, 생각하는 방식조차 달랐던 세계를 지나왔죠. 그 충격은 여전히 제 안에, 육체적으로도 남아 있어요. 어떤 상황들은…… 아니, 쑥스러움이나 불편함이 아니라, 자리, 마치 저의 진짜 자리가 아닌 것 같이, 진짜 그곳에 있지 않으면서 그곳에 있는 것처럼 느껴져요."[118]

"그곳에 있지 않으면서 그곳에 있는 것." 자리의 곤경. 이것이 바로 뿌리 깊은 "소요", "자리 옮김"의 어려움이다. "소요"란 폭력적인 행동이 초래하는 거대한 무질서다. 자리 옮김에는 폭력, 즉 찢김의 폭력이 있다. 결코 정돈될 수 없을 어떤 것이 있다. 우리가 계급을 횡단할 때는 이와 같은 무질서, 사이 존재, 새로운 장소와 존재 방식에 진정으로 온전히 현전하지 못하는 느낌이 이어지며, 그 느낌은 우리를 완전히 "사로잡지"는 못하더라도 끊임없이 우리를 덮쳐 온다.[119] 샹탈 자케에게 계급 횡단은 "제자리를 벗어난 것out of place"이다.

"그는 언제나 쫓겨날 위험 속에서 이동한다. 그는 제자리를

---

118 Annie Ernaux, *Le vrai lieu*, op. cit., p. 64. 『진정한 장소』, 80쪽.
119 *Ibid.*, p. 26. 국역본, 23쪽: "저는 항상 중간에 껴 있었어요."

벗어난 채 안과 밖의 경계에 있으며, 사이 존재에 놓인 채 동요하는 정신에 노출된다."[120]

에르노나 부르디외의 펜 아래에서는 이러한 영혼의 부유가 고통스러운 것으로 그려지는 반면[121], 자케의 눈에는 다른 요소가 덧붙여진다. 그녀는 그 결합의 논리 안에서 어떠한 유연성과 재배치의 힘을 독해해 내는 것 같다. 나아가 개인적이고 사회적인 자아의 해체를 견뎌 내는 능력 속에서 어떤 힘마저 본다.[122] 자케에 따르면 계급 횡단은 유연한 존재들의 가능성, 그들의 운동성, 저 너머를 향한 통로를 열어 주는 근본적인 잠재력을 긍정하는 것이다.

"계급 횡단은 가장 불리한 조건에서도 존재의 이동성과 가소성이 실존한다는 살아 있는 증거다. (…) 비-재생산은 두 계급 사이를 통과하는 개인이 그 이행을 개척한다는 것을 함축하며, 이행은 그를 형성하는 동시에 그가 횡단하고 그를 횡단하는 세계를 통해 형성된다."[123]

그는 "사이 세계에서 살아가며 통과"하는 존재다. 그는 엄밀한 의미에서 "돌아오는 유령revenant"이며, 유령처럼 두 가지 시간

---

120 Chantal Jaquet, *Les transclasses et la non-reproduction*, op. cit., p. 221.

121 최근 몇 년간 문학계가 계급 전향자를 주요하게 다루었다는 점도 상기해야 할 것이다.

122 Chantal Jaquet, *op. cit.*, p. 229: "비-재생산은 (…) 지배적인 도식으로부터의 벗어나는 능력, 동일자의 반복 또는 감금이라는 장애물을 극복하는 능력으로 특징지어진다." 220-221쪽도 볼 것. "사회 계급의 변화는 (…) 아비투스의 추가나 혼합으로 환원되지 않으며 이행의 긴장을 가로지르는 영속적인 재구축과 이완의 역동적인 형식을 띠는 재배치를 만들어 낸다. 계급 횡단은 그가 정체성 횡단 및 개인적이고 사회적인 자아의 용해를 경험하는 이행의 운동 속에서만 이해될 수 있다."

123 *Ibid.*, p. 220.

성 사이를 항해한다. 이 철학자의 정당한 표현처럼, 그는 "저 멀리서부터 돌아온다."[124]

실제로 우리는 어떤 곳에도 뿌리내리지 않는 것을 강점으로 생각할 수 있다. 고정된 자리가 없다는 것, 하나의 사회적 공간에서 다른 사회적 공간으로, 하나의 시대에서 다른 시대로 이동할 수 있다는 것, 다른 사람들의 자리에 처함으로써 그들을 더 잘 이해할 수 있다는 것, 이 역시 하나의 특권이라 할 수 있지 않을까? 온전히 조화를 이루지 못하고 간격을 느끼는 것은 우리가 맹목적으로 승인하지 않도록 보호하고, 모든 형식의 인간 연구에 필요한 비판적 거리를 만들어 준다. 이것이 바로 역사학자 로맹 베르트랑이 매우 분명하게 주장했던 바이다. "안에" 존재하기보다는 "사이에" 존재하기, 안주하지 않고 항상 자리를 바꾸기. 나아가 이런 본성적 "불안"은 어쩌면 인문학의 소명을 설명할 수 있을지도 모른다.

"당신이 질문한 역사가의 자리에 관해서 대답해 보자면, 역사가에는 고정된 자리가 없다는 것이 규칙입니다. 자신의 자리가 있다고 확신해서 그것을 쟁취하고 지켜 내기 위해 평생 싸우는 사람들이 있습니다. 마르셀 데티엔이 말했듯 "뿌리내리기"를 좋아하는 사람들도 있고, 그렇지 않은 사람들도 있는데, 저도 그중 하나입니다. 저는 인문학에 속한 직업 중 상당수가 사회적 게임의 명백함이나 주어진 정체성에 대한 기대에 완전히 적응하지 못했다는 느낌에서 비롯된다고 나름 확신합니다. 이는 그 자체로 타인의 말

---

124 *Ibid.*, p. 155.

에 기꺼운 환대의 문을 열어 줍니다. 이때 게임의 조건과 규칙은 간단합니다. 결코 제자리에 있지 않을 것."¹²⁵

---

125 Mathieu Potte-Bonneville, "Romain Bertrand, un historien entre les mondes", *Magazine du centre Pompidou*, 2021. 이 논문의 존재를 알려준 마갈리 베손에게 고마움을 전한다.

"진정한 장소"라는 것

내 것이라고 할 수 있는 장소는 존재하지 않을까? 아니 에르노가 미셸 포르트 감독과 진행한 인터뷰 모음집인 『진정한 장소』에서 작가는 제자리에 있지 않다는 느낌부터 시작하여 "진짜 거기" 있다는 느낌, "진정한 장소"를 찾았다는 느낌에 이르기까지 자신의 내적 여정을 되짚어 본다. 이때 진정한 장소는 화살이 과녁에 꽂히듯 도달하지 않는다. 그곳은 우리가 맴도는 곳, 언뜻 보기에 우리를 방해하는 모든 것에도 불구하고, 어쩌면 우리를 방해하는 바로 그것 덕분에 도달하게 되는 곳이며, "방해라고 생각했던 것들"은 소재가, "글쓰기에 도움이 되는 현실"이 된다.[126] 이런 식으로 인생에서 놓쳐 버린 것, 실존적 실패, 나쁜 선택, 잘못된 길들은 좌절의 순간을 만들기도 하지만 패주 속에서 나를 구성해 내는 역설적 경험을 가져다주기도 하다. 왜냐하면 모조품 같은 삶을 산다는 느낌이야말로 새로운 필요에 대한 감각, 실존과 맺는 다른 관계에 대한 감각을 불러일으키기 때문이다.

진정한 장소는 그저 장소가 아니라 활동이자 존재 양상이다. 진정한 장소에 있을 때 주체는 그곳에 자신을 온전히 내맡겨 흡수되며, 그 지배력 속에서 오히려 순수한 활동성, 존재감의 강화, 꽉 찬 현존을 느낀다. 그러한 장소에서 우리는 에르노의 말처럼 "존재한다는 것을 가장 잘 느끼"[127]는 것이다. 그것은 나르시시즘적

---

126 Annie Ernaux, *Le vrai lieu*, *op.cit.*, p. 93. 『진정한 장소』, 115쪽.
127 *Ibid.*, p. 111. 국역본, 138쪽: "그래도 스스로 존재한다는 것을 가장 잘 느끼는 곳은 역시 거기니까. 저만의 진정한 장소이죠."

성찰의 형태인 자기의식이 아니라, 우리가 행하고 생산하는 것, 우리가 공들여 만들어 내는 것 속에서의 자기의식이다. 『세월』을 집필하던 시기를 떠올리며 에르노는 몹시도 침입적인 활동으로부터 솟아나는 힘의 역설을 강조한다.

"그러니까 몇 년 동안 글에 갇혀 버렸죠. 그렇지만 제약의 느낌은 전혀 아니었어요. 오히려 반대로 이 영향력이 강력한 감각을 나오게 했죠. 제가 있어야만 하는 장소에 있었던 거예요."[128]

각자의 고유한 내적 필연성에 따라 우리가 있어야만 하는 장소에 있을 때, 그곳은 힘의 느낌을 끌어낸다. 그것이 외적으로는 억제와 제한이라는 형식을 띤다 해도 — 그 활동에 내 모든 것이 온전히 동원된다 해도 —, 그 내적 현실은 주체의 역량 증진, 창조 능력의 본질적 긍정이라는 형식이다.

"글쓰기는 "진정한 나만의 장소다"라는 결론을 내릴 수 있을 것이다. 그곳은 내가 자리한 모든 장소 중 유일하게 비물질적이며, 어느 곳이라고 지정할 수 없지만, 나는 어쨌든 그곳에 그 모든 장소가 담겨 있다고 확신한다."[129]

이 비물질적인 장소는 에르노에게는 글쓰기의 장소였으며, 그곳은 무엇보다 상상의 형태로 존재했다. 아마도 "진정한 장소"란 내가 작가나 의사가 되기를 꿈꾸면서 비밀스러운 투사로 그에 접근할 때 그러한 환상적인 방식으로 다가가기 시작하는 장소일 것이다. 이처럼 진정한 장소는 보이지 않는 평면에서 주체가 이미 오랫동안 거주해 온 곳이며, 오로지 그의 귀에만 들리는 비밀 멜로

---

[128] *Ibid.*, p. 90. 국역본, 111쪽.
[129] *Ibid.*, p. 12. 국역본, 11쪽.

딘 것이다.

이러한 비현실의 힘, 상상의 힘은 우리가 우리의 대척점에 있는 다른 세계에 접근하게 하며, 다양한 삶의 선들을 가로질러 실존의 깊이를 스케치할 수 있게 한다.

"독서는 상상의 장소였어요. 그곳에서 저는 강렬하게 살았죠. 동시에 주로 저의 세계와 정반대되는 사회적인 모델을 제공하면서 어린 시절의 현실 세계와 저를 갈라놓기도 했어요. 저는 모든 책 속에서 자신을 완전히 비현실적으로 만들었고, 이 비현실성은 제가 지식을 획득하는 데 아주 놀라운 역할을 했죠. (…) 책은 세상을 향한 문이었어요."[130]

이렇듯 우리는 우리가 실제로 살았던 적 없는 다른 세계의 상속인이다.

"우리가 누구인지, 무엇을 물려받았는지 알고 싶다면, 우리를 구성하는 내면의 박물관에 있는 작품들을 모아야 해요."[131]

물론 우리는 최초의 사회적 공간이 남긴 흔적 속에서 살아간다. 그럼에도 우리는 문학이나 영화를 비롯하여 일상에 틈새를 만드는 모든 형태의 예술을 통해 낯선 우주를 제 것으로 삼는다. 우리를 모조품과 같은 실존으로부터 진정한 장소로 데려가 주는 이와 같은 역동은 그러므로 도피가 아니라 내적 소속감과 정체성을 따르는 여정이다. 우리는 작품이 내민 거울 속에서 자신을 의식하고 자신이 처한 상황을 의식한다. 소설은 우리의 내밀한 진리에 대한 기나긴 픽션을 통해 불투명했던 것들에 빛을 비추고, 적절한 거

---

130 *Ibid.*, p. 52. 국역본, 63쪽.
131 *Ibid.*, p. 54. 국역본, 66쪽.

리를 두고 우리 자신을 이해할 수 있게 한다.[132] 나는 문학작품 속 인물들을 통해 내가 누구인지 이해하곤 한다. 예를 들어 페렉의 『사물들』에 등장하는 커플은 행복에 대한 물질주의적인 환상에 빠져 세계와 진실한 관계를 맺지 못하는데, 여기서 에르노는 자기 부부의 모습을 본다. 텍스트는 계시자로서 작동한다. 이 커플의 태도, 가식, 자신에게 하는 거짓말 등이 자신들과 닮아 있었다. 픽션은 우리의 가면을 벗기고, 우리 삶을 꾸미는 장식들을 폭로하며, 우리가 보기를 거부하는 것을 드러낸다. 또한 다른 가능성을 가리키기도 한다. 그런 의미에서 문학은 "인생의 불투명함을 밝히는 것"이며, "드러난, 밝혀진 인생"[133]이다. 어떤 독서는 우리에게 단서를 주거나 경고하고, 무엇이 막다른 길인지 알려 주고, 다른 길을 택하도록 한다. 피에르 부르디외가 『자기 분석에 대한 초고』에서 지적하는 것도 바로 이 점이다.

"이는 틀림없이 플로베르가 말했던 '삶이여 만세'라는 취향과 모험할 수 있는 모든 기회를 잡으려는 취향이다. (…) 나로 하여금 가장 다양한 사회 세계에 관심을 갖게 했던 새로운 환경(…)의 발견은 매번 이 모험을 통해서다. 내 마지막 여름 방학의 독서는 나에게 미지의 사회 세계를 간파하려는 욕구를 주었다."[134]

---

132 *Ibid*., p. 74. 국역본, 92쪽: "문학에서 저를 위한 무언가를 찾아냈으니까요. 프루스트에게서, 조르주 페렉에게서. 우리가 자신에게, 무의식이 "나도 그래"라고 말하게 하는 것들이요. 그러면 자신 안에 빛이 생기죠. 그것이 프루스트가 말하는 "빛을 얻은 삶"이고요."

133 *Ibid*., p. 84. 국역본, 103쪽.

134 Pierre Bourdieu, *Esquisse pour une auto-analyse*, *op.cit*., p. 86-87. 『자기 분석에 대한 초고』, 70쪽.

"진정한 장소"는 자신과의 화해가 이루어지는 장소로도 이해될 수 있다. 부르디외에게는 첫 저서 『독신과 농민문화』의 집필이 그러한 역할을 했다. 그가 제안하는 이미지에 따르면, 깊은 수준에서 계급 횡단은 분열된 아비투스로 인해 항상 긴장과 모순에 사로잡혀 있는 주체가 "대립되는 것들", 현실이 지니는 밤의 얼굴과 낮의 얼굴을 "화해시키기 위해" 헛되이 노력하는 불안과 염려를 경험하는 것이다.[135] 그에게 글쓰기는 존중하는 마음을 갖고 자기 자신의 일부와 유년기의 친구들, 부모에게로 돌아갈 수 있는 기회였다. 글쓰기는 민족지학적 접근이라는 앵글을 통해 그동안 공부로 인해 멀어졌던 이들과 그를 다시 가깝게 해주었다. 마치 깊이 파묻혀 있던 것, 어떤 틀 안에서 자리 잡기 위해 잘라내 버렸던 것을 복원해 낸 것처럼 말이다.

"나로 하여금 그들과 가깝게 하고 그들과 멀어지게 했던 내 일부, 그들과 나 자신을 부끄러워하면서 부정할 수밖에 없었던 그 일부를 받아들인 것이다. 기원으로의 회귀는 억압된 것의 회귀를 동반한다. 단 그것은 컨트롤된 회귀다."

따라서 중요한 것은 가족과 자신에 대한 수치심과 부인의 감정을 극복하고, 그들을 꾸밈없이 존중하며, 배반 없이 묘사하는 글쓰기 방식을 찾는 일이다. 부르디외에게 그것은 민족지학적 접근법이 주는 거리를 통해 가능했고, 에르노에게 그것은 "사실을 바탕으로 하는[136]" 글쓰기를 통해 가능했다. 두 경우 모두 자기중

---

135 *Ibid.*, p. 126-127.
136 아니 에르노의 인터뷰, *BibliObs. op.cit*. "아버지와의 분리를 어떻게 배반 없이 쓸 수 있었겠는가? 배반의 글쓰기가 아닌 유일한 글쓰기, 그것은 사실에 바탕한 글쓰기였다."

심성에서 벗어나 적절한 거리를 유지한 채 감정을 조절하고 말을 컨트롤하는 것이 중요했다. 부르디외는 지적 세계의 특수한 인공물들을 치워 버리고, 민중이 살아가는 환경을 성찰의 대상으로 재발견하고, 자신의 혀가 지닌 수사학적 기교라는 나쁜 습관을 없애면서 "정화된 새로운 탄생"[137]를 실험한다. 그렇게 함으로써 그는 "이중적 삶의 숨겨진 얼굴이었던 잠재된 충동과 비밀스러운 의도"[138]와 다시 관계를 회복할 수 있었다.

조심스럽지만 끈질기게 우리의 길을 인도하는 멜로디를 되찾고, 갈림길보다는 교차점이 더 많은 다양한 삶의 선들을 다시 연결해 보자. 언제나 우리였던 것을 지금 이 순간의 우리와 화해시켜 보자. 지금 이 순간 우리 자신이 지닌 복잡성 속에서 다시 태어나 보는 것이다.

---

137 Pierre Bourdieu, *Esquisse pour une quto-analyse, op.cit.*, p. 94. 『자기 분석에 대한 초고』, 76쪽.

138 *Ibid.*

욕망의
불협화음

"어렸을 때 또래 소녀 하나를 좋아했어요. 그녀는 약간 사팔뜨기였지요."
— 르네 데카르트,『샤뉘에게 보내는 편지』

"너는 그에게서 무엇을 보는 거니?" 우리가 써 나가는 이야기 속에는 거슬리는 일화들, 불청객들, 더불어 지내기 힘든 요소들, 원래 쓰려고 했던 텍스트의 여백에 기입된 괴상한 메모들이 있다. 내가 잠자리를 같이하는 저속한 출세주의자 남자[139], 별 매력은 없지만 돌아가고 싶은 장소, "튀는" 아웃사이더 친구들처럼 말이다. 그들은 모두 한때 내가 어떤 사람이었는지에 대해 말해 주는 존재들이다. 잘못된 음정, 음 이탈을 하거나 잘못된 동작을 취하는 순간들, 무언가 어긋나는 순간들. 그것은 인생에서 지우고 싶은 과거지만, 우리는 유구한 힘을 지닌 자력에 이끌리듯 그 순간으로 자꾸만 돌아가게 된다. 노동계급의 억양이나 저속한 표현처럼 스스로 알아채고서는 그게 무슨 잘못이기라도 한듯 정당화하려고 애쓰는 것들. 이처럼 인생이라는 직물에 난 여러 구멍은 우리가 어디에서부터 왔는지를 알려 주는데, 우리는 그것을 숨기기 위해 가짜 대체물을 내놓는다. 그러나 우리가 가짜 대체물만 내놓는 것은 아니다. 우리는 지나치게 많은 것을 내놓고, 침묵 속에 과거의 일부를 숨기

---

[139] 이 대목에서 아니 에르노의 소설『단순한 열정』과『탐닉』에 등장하는 러시아 외교관을 떠올릴 수도 있을 것이다.

며 희생시켜 버린다. 마치 전과자라도 되는 것처럼. 누가 우리를 체포한다고 그러는가?

불협화음은 사회적 범주와 분류가 뒤섞일 때 나타난다. 내가 올바른 톤으로 올바르게 말하지 않을 때, 관계 속에서 무언가가 "삐걱"일 때, 대화 중에 낯선 음악이 흘러나올 때처럼 말이다.[140] 이러한 불협화음 속에서 우리는 우리가 걸어온 사회적 궤적이 누설되는 것을 들을 수 있다. 불협화음은 적응하려는 우리의 노력이 쉬운 일이 아님을 알려 준다. 어쩌면 한계에 도달했음을 알리는 신호일 수도 있다. 자신의 일부를 포기하고 사회적 촌극을 연기하는 것은 너무 값비싼 대가다. 그것은 자리 옮김이 한계에 달하는 지점, 새 자리를 더 이상 지킬 수 없는 지점을 나타낸다. 힘들게 얻은 이 자리를 지탱할 수 없는 순간은 나의 목소리와 말하는 방식에서 들리기도 하고, 몸이 떨리고 얼굴이 붉어지는 것으로 드러나기도 한다.

또한 불협화음은 회귀하고 싶은 마음, 뒤돌아보고 싶은 마음, 약속했던 것을 어기고 남겨둔 사람들을 돌아보고 싶은 욕망 또한 누설한다. 우리는 과거를 되짚어 보게 되고, 사랑하는 마음이 분출하여 조바심과 격렬함을 다시 겪게 된다. 그들의 언어, 몸짓, 춤사위를 재발견하게 된다. 자신으로의 회귀는 예기치 못한 방식으로 주체의 통제를 뛰어넘는 놀라움을 경험하게 하기도 한다. 우리의 몸에는 여전히 유년기의 정서적 패턴이 남아 있기에 그것은 과거

---

140 Éric Chauvier, "Anthropologie de l'ordinaire. Une conversion du regard", *Anacharsis*, Éditions du Félin, 2010, p. 113 : "불협화음은 언어의 '용법', 즉 관찰자이자 관찰 대상인 우리가 사회적 세계를 분류하는 방식을 은연중에 드러낸다."

로부터 끌어당기는 힘으로 작용할 수 있다. 에르노의 표현처럼 "최초의 세계의 각인"은 내밀한 애정과 욕망을 일으키며 우리의 현재에 영향을 미칠 수 있다. 이러한 최초의 기쁨들이 우리 안에 행복과 기쁨의 형식을 이룬다면, 그것은 우리의 에로틱한 사랑의 충동 역시 형성할 수 있다. 우리는 특정한 그 기쁨을 포기하고 싶어 하지 않는다.

"훗날 저는 저에게 남은 이 첫 번째 세상의 흔적을 (…) 인식하게 됐어요. 보통은 천박하거나 저급하다고 여기지만 저 자신은 그 힘을 헤아릴 수 있었던 행복과 쾌락의 흔적을, 말하자면 축제나 식사, 노래 같은. 물론 지적인 쾌락과는 거리가 멀었지만 저에게는 건설적이었죠."[141]

우리가 잘 알듯, 장소와 환경에 대한 소속감은 우리 안에 신체적·감정적으로 구체화된 모습을 띠고 새겨져 있다. 그것은 또한 깊은 곳에서 감정의 패턴을 구성하기도 한다. 욕망은 우리가 느낀 최초의 흥분의 사회적 흔적을 보존하는 것일 수 있다. 그리하여 우리를 떠나온 옛 환경으로 돌려보내 더 이상 거주하지 않는 그 장소들과 내밀하게 연관된 욕망의 형태를 재활성화하는 놀라운 일을 벌이는 것이다. 더 이상 그곳에 살지 않는다 해도, 우리는 처음으로 열정을 불러일으켰던 실루엣, 말, 몸짓으로 인해 여전히 동요할 수 있다. 우리는 열정이 얼마나 큰 힘으로 우리를 떠밀어 다른 영역으로 자리를 옮기게 하는지 알며, 르네 지라르의 욕망의 삼각형[142]이 보여 주듯 어떻게 열정이 다른 곳에 투사되며 구성되는지

---

141 Annie Ernaux, *Le vrai lieu, op.cit.*, p. 27. 『진정한 장소』, 29-30쪽.

142 르네 지라르가 『낭만적 거짓과 소설적 진실』에서 정립한 욕망 이론의 기본 구

안다. 존재의 욕망은 부와 명예, 권력으로 충만한 환경에 대한 기대로 커져 나갈 수 있지만, 반대로 욕망은 또한 우리를 매우 이른 시기의 정서적 기억에서 형성된 매혹의 시원적인 형태로 부지불식간에 데려갈 수도 있다. 이처럼 욕망은 많은 대가를 치르고서 폭력적으로 뿌리 뽑힌 장소들로 나를 다시 데려가며, 나는 다시금 출현한 욕망으로 인해 그곳으로 다시 내던져진다. 정겨운 마들렌처럼.[143] 유년기나 청소년기에 느낀 사랑의 감정이 내 욕망의 대상의 특정한 신체적 요소에 연결된다면, 나는 그러한 성향의 근원을 파악하지 못하더라도 그것을 되찾기 위해 애쓸 것이다. 이를테면 데카르트는 "사팔뜨기" 젊은 여성에 대한 열정을 고백한 바 있는데, 그 기원은 어린 시절의 사랑이었다.[144] 마찬가지로 그 남자가 나에게 거부할 수 없는 매력을 행사하는 것은 나에게 말을 거는 조금은 거친 방식, 건방진 표정에서 오래되었지만 여전히 생생한 감정의 메아리가 느껴지기 때문이다. 그리고 불편함, 수치심이 친밀한 느낌과 감정적 퇴행이 불러오는 혼란스런 기쁨과 뒤섞인다. 나는 욕망의 첫 번째 부름의 힘으로 돌아가고, 욕망이 만드는 심장의 충격

조. 그에 따르면 욕망의 주체와 대상 사이에는 언제나 그 대상을 욕망하게 한 타자가 숨겨져 있으며, 따라서 모든 욕망은 타자에 의해 매개되고 촉발된 욕망이다. —옮긴이.

143 프루스트의 마들렌. 『잃어 버린 시간을 찾아서』에서 화자인 마르셀은 홍차에 적신 마들렌을 맛보는 순간 돌연 그와 관련된 과거의 기억이 생생하게 떠오르는 경험을 하게 된다. —옮긴이.

144 René Descartes, Lettre à Chanut (6 juin 1647), in *Œuvres complètes*, Gallimard, Bibliothèque de la Pléiade, 1953, p. 1277: "어렸을 때 또래 소녀 하나를 좋아했어요. 그녀는 약간 사팔뜨기였지요. 길 잃은 듯한 그녀의 눈을 바라볼 때 내 뇌에서 만들어지는 인상은 사랑의 열정을 자극하는 인상과 굳게 결합되었지요. 오랜 시간이 흐른 후에도 사팔뜨기인 사람을 보면, 나는 내 안에서 다른 사람들보다 그들을 사랑하고 싶은 경향이 있음을 느낄 수 있었습니다."

으로 돌아간다. 나는 내 안의 깊은 곳에 서겨져 있는 첫 번째 취향을 다시 발견한다. 저항하려 하지만, 사랑해선 안 될 사람을 향한 욕망이 선명해진다. 아마도 이것이 "사팔뜨기"를 향한 우리의 사랑, 자신만이 그 비밀스런 논리를 이해할 수 있는 열정을 설명해 주는 것이리라.

욕망이 자아내는 불협화음은 우리가 어디에서 왔는지 말해 준다. 인류학자 에릭 쇼비에는 자신의 소설 『로라』에서 그가 그렇게나 떠나고 싶어 했던 어린 시절의 장소인 "외딴 마을"로 데려가는 사랑의 충동을 분석한다. 우리 욕망의 "속됨"은 우리가 누구인지 난폭하게 상기시켜 준다. 나는 정말 다른 사람이 된 걸까? 과거로부터 불쑥 솟아난 손처럼 나를 움켜잡는 욕망은 내가 지금 차지하는 다른 자리에 의문을 제기한다. 내가 문화적으로 더 높은 가치를 부여한 이 새로운 정체성이 눈속임은 아닐까? 나는 결국 누구일까? 『로라』의 화자는 자문한다. 젊은 시절의 일그러진 사랑 로라가 야기한 혼란 앞에 선 이 지식인에게는 두엇이 남아 있는가? "너의 굉음과도 같은 아름다움으로 나는 의기양양해지고, 어린 시절로 다시 돌아가게 돼."[145] 사랑은 우리를 원점으로 돌려놓는다. 과거에 속한 어떤 것이 한 번도 사라진 적 없다는 듯 다시 떠오르고, 그 힘은 같은 주체의 여러 다른 "자아"들 사이 긴장된 동거를 드러낸다. 속된 말투가 되살아나고 과거의 목소리가 활기를 띤다. "욕설을 관통하는 것은 다시 살아 돌아온 자전적 불협화음이다."[146] 그렇다면 이러한 특수한 감정에 "다시 사로잡힐 때" 무슨 일이 벌

---

[145] Éric Chauvier, *Laura*, Allia, 2020, p. 111.

어질까? 나 자신을 되찾을까, 아니면 잃어버릴까? 나는 이 찢긴 정체성 속 어디에 자리 잡아야 할까? 로라를 잊고, 로라를 향한 욕망을 침묵시키고, "외딴 마을을 떠나온 척"하는 것은 자기 자신을 잃는 것, 자기 안에서 늘 살아 있던 일부를 잃어버리는 것이다.[147]

예측할 수 없는 욕망은 우리의 마음을 어지럽힌다. 왜냐하면 우리가 대도시로 떠나 와 "그럴 자격이 있다고 생각"하며 선택했던 것, 헤아릴 수 없이 큰 노력에 의문을 제기하는 것 같기 때문이다. 나와는 맞지 않다고 생각해 떠나왔던 환경이 열정으로 인해 다시 우리의 옷깃을 붙잡는다. 진정 우리의 것이라 할 수 없었던 과거의 언어가 불안한 친숙함으로 우리에게 돌아온다.[148] 우리가 "뒤로 했다"라고 생각해 온 이 장소는 곁에 로라의 존재에 대한 통제할 수 없는 당혹감과 함께 우리의 뱃속에서, 심장박동에서, 다시 활기를 띤다. 인류학자로서의 목소리를 다시 취하는 쇼비에는 그것을 "자전적 불협화음"이라 명명하며, 우리 삶의 변칙성과 열정적 사랑의 "일탈aberrations"을 낱낱이 분석해 나간다. 이 두 용어는 규범에 저항하고 비껴가는 욕망의 힘을 표현한다. 일탈은 문자 그대로 궤도를 벗어나는 행위다. 라틴어 Aberrare는 길에서 벗어나는 것을 의미한다. 일탈은 멀어짐, 도주, 방향의 전환이다. 그러나 우리의 일탈적 욕망은 우리 안의 깊은 곳에 묻혀 있는 최초의 흥분과 관련된 형식들, 일종의 사랑의 향수와도 같은 것으로 회귀하는

---

146 *Ibid.*, p. 92.

147 *Ibid.*, p. 38 : "사실 내가 잊고 싶은 것은 로라이고, 그녀에 대해 느끼는 욕망과 수치심이 뒤섞인 감정, 내가 이해하지 못하며 언제까지고 이해하지 못할 그 감정이다. 외딴 마을로부터 떠나올수록 나는 더 헤매게 된다."

148 *Ibid.*, p. 44 : "나는 험한 말을 하지 못한다."

강력한 무의식이기도 하다.

『인류학자』에서도 유사한 욕망이 사회적 정체성을 흔들고 커리어를 방해한다. 이 소설에서 인류학 조사관은 구걸하는 젊은 동유럽 여성과 사랑에 빠진다.[149] 인류학자와 걸인 여성이 나누는 일시적인 교류는 예기치 못한 일이었다. 두 인물은 각자 특정 유형의 교류법과 태도를 요구하는 상황과 지위에 속해 있다. 그러나 일은 생각대로 진행되지 않는다. 어쩌면 그녀는 그에게 그렇게까지 맹렬히 고마움을 표해서는 안 되었고, 그 역시 그렇게까지 깊이 개입하여 그녀의 감사 표현을 받아들여서는 안 되었다. 무언가 일이 벌어진다. 우연한 만남의 두께와 밀도는 상황이 자연스레 요구하는 바를 지나 흘러넘치게 된다. 시선, 어린 스녀의 목소리, 그리고 나아가 그녀의 침묵이 인류학자를 동요시킨다.

"그럼에도 나는 그 시선의 기이한 강렬함을 피해갈 수 없다. 나를 당황케 하는 그 목소리의 강렬함 역시 피해갈 수 없다. [그녀가 말하지 않은 것은] 나에게 친숙하면서도 비밀에 감춰진 이미지들을 가리킨다. 나는 그녀의 시선으로부터 간파한 것을 그녀의 목소리에서 다시 발견한다. 친숙한 것과 멀리 있는 것이 무척 의미심장한 방식으로 뒤섞인다."[150]

기이한 친숙함을 띤 장면 하나가 기억을 되살리고, **선험적으로** a priori 아무 중요성도 없는 순간 뜻밖에도 과거가 떠오른다. 그 만남이 모호한 여러 감정을 일으키는 까닭은 이 낯선 여성이 되살려내는 내밀한 추억 때문이며, 화자가 그녀 안에서 자신의 일부를 발

---

149 Éric Chauvier, *Anthropologie*, Allia, 2006.
150 *Ibid.*, p. 15.

견한 것마냥 느끼는 친근함 때문이다. 이 어린 여자가 이토록 그를 동요시키는 이유는 무엇일까? 그녀가 멀리 두고 온 어린 시절의 기억을 일깨우기 때문에, "고삐 풀린 후각"을 통해[151] 한때 그 자신이었던 어린아이를 되살려 내고, 쇼비에가 "화강암층과도 같은 유년기의 지형학"이라고 부르는 것을 드러내기 때문이다. 주차장에서 잠시 만났다가 이후 그토록 찾아 헤매도 다시 찾을 수 없었던 X, 또는 아나라고 불리는 이 젊은 여성은 이 인류학자의 내면에 "균열"[152]을 낸다.

어떤 만남은 잠깐에 불과하지만 수년에 걸친 성찰보다 훨씬 더 강렬하게 우리의 정체성에 물음을 던지며 우리를 깊은 곳에서부터 흔들어 놓는다. 특정 사람이 우리에게 중요한 것은 만남의 길이가 아니라 그들의 존재가 우리 안에서 공명하는 힘 때문이며, 그들이 해방시키거나 되살리는 우리 안의 본질적인 부분, 그들이 자신도 모르게 우리를 인도하는 저 아래 깊숙한 곳에 묻힌 진실 때문이다.

"돌연 나는 깨달았다. 나 자신의 일대기를 샅샅이 돌아보는 것으로 X의 일대기를 연구할 수 있을 거라고 말이다.[153]"

이 정체성은 감각적 인상과 분위기로 직조되어 있다.[154] 인류학자의 마들렌은 아스팔트 냄새, "선탠 오일과 금작화의 향기, 여름과 가을이 섞인 냄새", "여름의 끝"이 내는 향기, "꽃병의 향기,

151 *Ibid.*, p. 77.
152 *Ibid.*, p. 78.
153 *Ibid.*, p. 76.
154 *Ibid.*, p. 77 : "희귀한 인상의 패널" : "이 매체, 내가 감각할 수 있는 이 순수한 질료는 내가 X에 대해 느끼는 바를 이해하는 데 신뢰할 수 있는 도구가 된다."

라피아 야자나무의 곰팡내와 신선한 시멘트 냄새"를 풍긴다. 그것은 "X에 대한 친숙하고도 혼란스러운 이미지를 좇는 내 모습을 볼 때와 같은 여름 폭풍우"[155]의 무게를 지닌다. 불시에 찾아오는 기묘한 사랑은 우리에 대해 내밀하고 시원적인 무언가를 말해 준다. 사랑은 그것이 각인되어 있는 애정, 목소리, 향기의 오래된 패턴을 보여 주며, 그것을 재발견하여 우리 자신의 원초적인 부분과 다시 연결되는 혼란스러우면서도 퇴행적인 기쁨을 드러내 준다.

가까운 사람들과 다른 인류학자들의 눈에 아나를 향한 이 기이한 열정은 "일탈"일 뿐이다. 그들은 그의 감정을 즉각 평가절하한다. 그들이 보기에 그가 그 소녀와 진정으로 사랑에 빠지는 것은 불가능한 일이기 때문이다. 마치 우리가 누구를 사랑할 수 있고 누구를 사랑할 수 없는지 정의하는 일이 가능하기라도 한 것처럼. 자신의 "연구 대상"과 사랑에 빠진 인류학자는 대학교수로서의 안정된 삶을 위험에 빠뜨린다. 이 사랑의 일화에서 궁극적으로 가장 당혹스러운 측면은 아마도 그가 자신의 인류학자라는 페르소나에 사실상 뿌리가 없음을 발견하고(그는 "이 소녀를 통해 자신의 뿌리 뽑힘에 대해 깨달은 고통"[156]을 이야기한다) 다른 뿌리를 향해 난폭하게 되돌아간다는 사실일 것이다. 주차장에서 나눈 그 기이한 순간, 길에서의 이탈은 이 말이 지닌 모든 의미에서 화자에 대해 많은 것을 말해 준다. 그의 어린 시절도, 그때의 정체성도, 결코 사라진 적 없다고 말이다.

---

155 *Ibid.*
156 *Ibid.*, p. 17.

표류와
흘러넘침

어떤 욕망은 피해갈 수 없는 플래시백처럼 우리를 이미 지나왔다고 생각하는 정서적 시기와 사랑의 시원적인 형태들로 다시 데려가고, 멀리 떨어져 있는 과거를 생생하게 감촉하게 한다. 하지만 반대로 어떤 욕망은 도무지 제대로 숨쉴 수 없는 자리로부터 뿌리째 해방시켜 다른 자리로 옮겨 놓기도 한다. 이렇게 우리 자신으로부터 벗어나 넘쳐흐르는 데에는 열정의 힘이 작용하며, 위반과 찢김에도 불구하고 자신의 일부를 버리는 일에는 향락이 존재한다. 질 들뢰즈는 욕망이 우리를 탈영토화한다고 말한 바 있다. 다시 말해 욕망은 새로움과 타자성에 대한 감각을 생성하여 우리를 익숙한 경기장 밖으로 내몬다.[157] 따라서 이러한 욕망을 따르는 것은 자신을 해체하는 것, 자신을 타자로서 발견하는 것이다. 타자를 향한 이 욕망은 **다르게 되고 싶다는** 욕망이자 새로워지려는 욕망이며, 지금까지 해본 적 없는 방식으로 살아 보려는 욕망이다. 우리가 이 욕망을 통해 구하는 것은 자리옮김, 익숙한 곳을 떠나 방향 감각을 잃는 즐거움이다. 안느 뒤푸르망텔처럼 더 급진적으로 말해 본다면, 그것은 전대미문의 것과의 만남이다.

하지만 나는 보다 근본적이고 어두운 방식으로 길을 잃고 싶은지도 모르겠다. 나를 잃어버리고, 나 자신에게서 벗어나는 것에까지 이르고 싶은 것이다. 이는 욕망의 문제이기보다는 욕망을 통

---

[157] Pierre-André Boutang, *L'abécédaire de Gilles Deleuze*, "D comme Désir", Éditions Montparnasse, 2004.

한 무화의 문제, 소멸의 문제다. 욕망은 으리를 동일성에서 타자성으로, 혹은 우리 자신의 소거로 이끈다. 욕망에 복종하는 것은 우리를 어디로 이끌까? 비탈에 미끄러지듯 열정에 빠져드는 것은 곧 자기희생에 대한 동의일까?

우리는 우리의 모습을 알아볼 수 없을 정도로 바꾸어 놓는 열정의 힘에 대해 안다. 그에 대해 천 번을 읽었고, 한두 번은 직접 경험하기도 했다. 그러한 열정이 불안을 자아내는 것은 그것이 예상치 못한 타자성을 불러일으키고 우리의 의지를 박탈하기 때문에, 더 정확하게는 의지를 송두리째 유인하여 미지의 힘을 불어넣기 때문이다.[158] 우리가 우리를 폭력적으로 휩쓸거나 파묻어 버리는 눈사태, 폭풍과 같은 거대한 자연현상으로부터 사랑의 메타포를 빌려 오는 것도 놀라운 일이 아니다. 슈테판 츠바이크의『어느 여인의 삶의 24시간』의 중심에도 이러한 예측할 수 없는 변화가 자리한다.

"아마도 열정에 대해 절대적으로 무지한 사람들만이 완벽하게 예외적인 순간에 눈사태나 태풍과도 같은 열정이 돌연 분출하는 것을 경험할 것이다. 수년간 써본 적 없는 힘들이 한꺼번에 밀려와 인간의 가슴 깊은 곳으로 굴러 들어가는 것이다."[159]

폭발의 이미지는 이전의 삶에서 억제되어 왔던 모든 것이 갑작스레 분출하는 모습을 효과적으로 보여 준다. 이 내밀한 에너지,

---

[158] Stefan Zweig, *Vingt-quatre heures dans la vie d'une femme*, Livre de Poche, 1993, p. 23: "여성이 일생 동안 여러 번 자신의 의지와 지성을 넘어서는 신비한 힘에 굴복할 수 있다는 명백한 사실을 부정하는 것은 우리 자신의 본능에 대한 두려움, 우리 본성의 악마성에 대한 두려움을 숨기는 일일 뿐이다."

[159] *Ibid.*, p. 111-112.

억압된 힘을 계속 참아 내려는 노력이 어떤 만남, 유혹과 마주치는 순간 돌연 저항을 포기해 버리는 것이다.[160] 그런데 정말 예측 불가능할까? 화자는 오랜 세월 권태와 실망을 겪은 여성이라면 동화 속 아이들처럼 처음으로 만난 피리 부는 사나이와 함께 도망칠 수도 있다고 말한다.[161] 우리가 자신을 열정에 내맡기는 이유는 그것이 속박과 습관, 체념으로 인해 갇혀 있던 정체성으로부터 우리를 해방시키고, 진정한 자기 자신이 되지 못했다는 좌절감으로부터 벗어나게 해주기 때문이다. 이러한 사랑의 열정은 도망처럼 보이기도 한다. 그러나 더 깊이 들여다본다면 그것이 자신의 사회적 페르소나(배우자, 어머니, 존경받는 여성)를 살해함으로써 해방시키고자 하는 바람을 표현함을 알 수 있을 것이다.[162] 존경받는 여성이 낯선 남자를 향해 품은 부조리한 열정, 그 누구도 이해할 수 없으며 모두가 가혹하게 심판할 것이 분명한 이 열정은 우리가 본질적이라고 믿는 관계(어머니와 자녀 사이처럼)의 취약함에 대해, 우리의 사회적 정체성과 그것이 주체의 삶을 짓누르는 방식에 대해 이야기하는지도 모른다. 그것은 우리를 감싸지만 사실은 우리의 것

---

160 *Ibid.*, p. 112 : "내가 그처럼 놀라고 무력감에 분노한 일은 이전에도 이후에도 없었다. 모든 기괴한 일들에 준비가 되어 있던 그때, 잘 관리된 삶의 비축물들, 그때까지 모아 왔던 모든 에너지를 한순간에 심연에 내버릴 준비가 되어 있던 그때, 나는 나의 모든 열정을 무쓸모하게 만들어 버리며 튕겨 내는 부조리의 벽이 버티고 선 것을 돌연 마주해 버린 것이었다."

161 *Ibid.*, p. 22.

162 *Ibid.*, p. 105 : "나는 내 이름과 내 아이들의 이름을 불명예스럽게 만들었을 것이고, (…) 내 과거의 삶에 단 한 번의 눈길도 주지 않았을 것이다……. 나는 이 남자를 위해 나의 돈, 이름, 재산, 명예를 기꺼이 희생했을 것이다……. 나는 구걸하는 데에 이르렀겠지만, 그와 함께인 세상에는 비천함이란 없다."

이 아닌 피부를 벗겨내야 할 필요성을 드러낸다. 그렇기 때문에 우리는 이같은 사랑의 모험에서 자신의 모습을 발견하고 놀라고 동요하는 것이다.

배반과 유기. 그것은 한때 우리 자신이었던 사람과 근본적으로 단절하고, 속박을 풀고, 실존과 정체성의 연속성을 깨뜨리는 방법이기도 하다. 어떻게 그렇게까지 제 자신과 달라질 수 있을까? 우리 삶의 어떤 시점에 열정은 자신을 훼손하려는 뿌리 깊은 욕망, 자신을 침몰시키고자 하는 갈망, 자기 파괴의 욕망을 드러낼 수 있다. 그때의 향락은 부분적으로 우리도 알지 못하는 사이에 형성되었던 구조를 부정하는 것에 있다. 나의 진정한 부분, 내밀하게 개인적이면서도 나 자신과 일치하는 부분에는 무엇이 있을까? 열정은 우리를 자신의 진실과 잔인하게 대면시킨다는 점에서 불의 시련과 같다. 내가 알아볼 수 없을 만큼 달라진 것은 사랑의 불길에 휩싸여 모습이 바뀌었기 때문일까, 아니면 진정한 나의 모습을 가리던 가면이 벗겨졌기 때문일까? 자신을 파국으로 몰아넣는 사랑의 이야기들이 존재하는 이유는 무엇일까? 우리는 왜 자신을 잃어버리기를 선택할까?

때때로 우리는 만남의 문턱에서부터 다가올 재앙을 이미 예감한다. 사실상 이미 사로잡혀 있는 그 욕망에 정말 굴복해 버리게 된다면 무엇이 휩쓸려 나가고 어떻게 황폐해질지 이미 아는 것이다. 그러나 욕망은 비로소 존재하게 되었다는 강렬한 감각을 약속해 줌으로 쉽게 저항할 수 없다. 소설가 사라 시슈의 아름다운 표현에 따르면 그것은 "파괴적인 기쁨"이라는 모순적인 경험, 자신의 특정 부분이 사라지는 기쁨이며, 실존이 배가되는 경험이다.

"우리의 눈이 마주친다. 다가올 몇 년간의 파괴적인 기쁨을 경험하지 않기 위해서는 즉시 나 자신을 방어해야 한다는 생각이 스쳐 지나간다."[163]

열정은 너무나도 자명하기에, 나는 명료한 의식을 유지한 채 삶에서 무엇을 잃게 될지 헤아릴 수밖에 없다. 그러나 이 사랑의 힘 앞에서 과거의 삶은 자기 망각에 지나지 않는다. 우리는 잠시나마 우리를 구원할 것처럼 보이는 사랑 앞에 무릎을 꿇게 된다.

마리아 푸르셰의 소설 『불』에서 40세 대학교수 로르는 라데팡스 타워블록에 사는 50대 재정 담당 간부 클레망과 사랑에 빠진다. 그녀는 그에 저항하고 가족과 남편이 있는 자리로 돌아와 "냄비 손잡이에 다시 매달려야" 할까? 그녀는 이렇게 묻는다. "더 낮은 곳으로 추락하고 싶은 욕망에 저항해야 할까?"[164]

우리는 욕망에 굴복하고 열정에 휩쓸리는 것이 더 낮은 곳으로의 추락을 의미한다고, 그것이 우리를 수렁에 빠뜨릴 것이라 생각한다. 하지만 우리가 은밀하게 원하는 것이 바로 그것이라면 어떨까? 우리가 연기하며 살아가는 인물과 끝장내기 위해. 제 자신으로 존재하는 일의 피곤함에 종지부를 찍고,[165] 늙어가는 것 외에

---

[163] Sarah Chiche, *Les enténébrés*, Paris, Seuil, 2019, p. 50.

[164] Maria Pourchet, *Feu*, Fayard, 2021, p. 195. 마리아 푸르셰, 『불』, 김주경 옮김, 비체, 2023.

[165] *Ibid.*, p. 210 : "오랫동안 병든 채 살아왔던 사람들의 피로감, 제 자신으로 존재하는 일의 피로감."

는 아무것도 제시해 주는 것이 없는 삶의 무게와 이별을 고하기 위해. 가정생활, 배우자와 어머니로서의 정체성에 매달려 있는 우리는 반복적이고 보답 없는 감정노동과 가사노동을 위해 우리 안의 기계장치를 작동시켜야만 한다. 그러나 그것이 내 손의 용도일까? 우리는 삶과 몸을 축소시켰다. 우리를 지치게 하고 망가뜨리는 삶 속에 갇히도록 내버려 두었다. 로르는 자신에게 이렇게 말한다.

"너는 네 손의 소명을 배반하는 짓을 그만두기를 그토록 원하잖아. 너 자신에게 범죄를 저지르기를 멈추고, 수를 놓고 어루만지고 싶잖아."[166]

그러나 배반은 불가피하다. 배반이라는 동사는 이제 현재시제로 쓰이게 된다. 우리는 자신에게 저지르는 범죄를 끝내기 위해 가족, 배우자와 아이들을 배반한다.[167] 우리 몸은 자신의 말을 들어주기를 요구하고, 감각적이고 육체적인 열망을 모두 충족하기를 요구한다. 소설가 아망딘 데의 말처럼 "정박하기에는 너무 이르기 때문"이며, "표류해야 할 필요"[168]가 있기 때문이다. 결핍의 느낌, "막대한 허기는 부부 사이에서 해소하기 불가능하기" 때문이다. 우리는 떠나고 배반하는 수밖에 없다. "주사위 몇 번이면 끝난다. 집도 아이들도 모두 버리는 것이다."

166 *Ibid.*
167 *Ibid.*, p. 126: "너는 그를 배반하고 있어. 그 말들, 그 가치평가들, 그 어조, 너는 그것들을 배반하고 있어. 너는 태어나서 처음으로 어떤 거리낌도 없이 동사를 이리저리 굴려본다. 나는 배신한다, 너는 배신한다, 그는 배신한다, 우리는 배신한다, 나는 당신을 배신한다."
168 아망딘 데가 소설에서 여주인공의 입을 빌어 말하듯 말이다. *À mains nues*, Éditions de la Contre Allée, 2020, p. 64. 이어지는 인용문들은 같은 페이지에서 발췌한 것이다.

우리가 열정에 굴복하여 흥해지는 일은 열정을 받아들일 때 일어난다. 열정의 말馬에 올라탔을 때 느끼는 아찔함은 우리로 하여금 거추장스러운 옷을 벗어던지게 하고, 세월이 우리의 몸에 겹겹이 쌓아 놓은 불필요한 층을 느슨하게 하며, 갖은 속박의 형식으로부터 해방시킨다. 디노 부차티의 소설 『사랑』에서는 존경받는 50대의 중년 남성 안토니오 도리고가 밀라노의 젊은 매춘부 라이데와 사랑에 빠진다. 그는 이 "어리석은 상식 밖의 파멸적 이야기", 우스꽝스럽고 "거짓되고 기만적인" 사랑에 집요하게 집착하는데, 그 맹렬함은 짝사랑이 으레 가질 법한 부조리함마저 능가한다.

"그는 바로 그 순간 자신이 어떤 탈출의 가능성도 없는 철저한 불행에 빠졌다는 것을 깨달았다. 그것은 터무니없고 어리석은 생각이었지만 너무도 현실적이고 강렬했기에 그는 어떤 위안도 찾을 수가 없었다. (…) 그것은 그의 가슴 한가운데 태양의 신경을 채운 일종의 내적 불길이었고, 그의 존재 전체를 지배하는 꿈쩍도 하지 않는 고통스러운 긴장이었다."[169]

이는 강렬하게 존재하기 위해 자기 자신을 해체하고 스스로 택한 사회적 형태, 의복, 존재의 습관을 해체하는 문제이다. 안토니오가 자신의 윤곽을 잃을 때까지 팽이처럼 뱅글뱅글 돌게 되는 열정의 아찔함 속에서는 오로지 도취의 강렬함만이 중대하게 남는다. 이러한 원환의 운동은 부조리하고 광기 어린 것이다. 도취는 모든 좌표를 잃어버리게 하며, 내면의 불길은 그 어느 때보다도 격렬하다. 안토니오는 열정의 원무 속에서 길을 잃고, 자신이 경험하

---

[169] Dino Buzzati, *Un amour*, Robert Laffont, 2010, p. 112.

는 감정의 위력에 묶여 알아볼 수 없을 만치 변모한다. 거기서 빠져나올 때, 그는 믿을 수 없이 격렬한 이 불길에 다 타버린 채 너덜너덜한 모습을 하고 있을 것이다.

"그는 회전목마였으며, 갑자기 회전목마가 돌기 시작했고, 미친 듯이 빨리 돌기 시작했고, 그렇게 돌게 한 것은 바로 그녀, 라이데였다. (…) 그리고 그렇게 미친 듯이 도는 말은 말의 형태를 잃고 진동하는 하얀 꽃무늬에 지나지 않았다. (…) 그는 더 이상 자기 자신이 아니었다. 그는 과거 그 누구도 알지 못했던 존재가 되어 있었다. (…) 그는 결코 그런 추진력으로 회전한 적이 없었고, 그렇게 충만하게 살아 있었던 적이 없었다."[170]

---

170 *Ibid.*, p. 370. 앞의 구절도 참조하라. "그는 밧줄에 묶인 돌과 같았고, 그것은 빠르게, 점점 더 빠르게 회전하게 되었다. 그를 회전시키는 것은 바람이었고, 가을의 태풍이었고, 절망이었고, 사랑이었다. 그리하여 우리는 미친 듯이 돌아가는 그의 형상을 알아볼 수 없게 되었다. 그는 맥동하는 유동적인 원환과 같은 것이 되었다."

이중생활

때때로 우리는 평행하게 놓인 존재의 두 평면 위에서 살아간다. 그러한 삶이 충돌 위험 없이 잘 흘러간다는 착각에 빠지기도 한다. 유일무이한 삶이 초래할 불운한 결말을 피하기 위해서는 이중의 삶이 필요하다고 믿어야 할 때도 있는 법이어서, 우리는 실존의 층위가 여러 겹이 되도록 만들고, 표면적인 이야기와는 다른 이야기를 부여하기도 한다. 이 은밀한 삶은 그 자체의 실재만큼이나 그것이 간직한 비밀 때문에 소중하게 여겨진다. 이중의 삶을 통해 세계는 이중의 겹을 지니게 되고, 서로 다른 선율선이 연주되어 어느 한쪽이 음소거된 상태에서도 깊은 울림이 생겨나게 된다. 그것은 단 하나의 결정적이고 고정된 자리라는 덫에서 벗어나는 느낌을 자아내며, 다양한 방식으로 존재할 수 있는 사치를 선사해 준다. 마치 우리가 두 배로 배가된 존재가 되어 두 배의 현존 속에서 두 배의 자기 향유를 경험하는 것처럼 말이다. 하지만 어쩌면 그것은 내면의 찢김, 자기 자신이 되는 일의 어려움, 하나의 정체성에 정착하는 일의 어려움 또한 표현하는 것인지도 모른다. 새로운 삶의 선을 스케치하는 것은 어떤 번민과 결핍 때문일까? 이 비밀스러운 삶은 유보되거나 미완으로 남겨진 존재의 순간들을 회복시켜 준다. 사랑은 돌봄을 통해 유기의 고통을 완화시켜 주기도 하고, 우리가 여전히 엉겨 붙어 있는 폭력적인 청소년기로부터 우리를 구원하기도 한다.[171] 우리에게 고통을 준 인물들과 화해할 수 있

---

171 Sarah Chiche, *Les enténébrés, op. cit.*, p. 93 : "나는 누군가에게 한 번도 경험해 본 적 없는 어린 시절을 되찾아 주고 중단된 성장을 다시 시작할 수 있게 하는 일이 가능할 거

게 하고, 오래된 긴장을 진정시키고, 이야기의 끈을 다시 쥐거나 다른 방식으로 이야기할 수 있는 힘을 준다.

이와 같은 사랑의 외유外遊는 우리가 경험해 본 적 없는 내밀한 교류의 모습을 띤다. 그것은 내면의 타자성을 발견하는 것과는 다른 종류의 깊은 이해이며, 말로 표현할 수 없는 친밀함이다. 이러한 정념의 폭발은 개인적인 불협화음과 나란히 가며, 우리의 은밀한 분열을 드러낸다. 한 번도 들어 보지 못한 내적 공명이 울려퍼져 습관의 외피를 깨뜨리고, 세상을 살아가는 줄곧 함께했던 내적 분산을 처음으로 알아차린다. 그것은 우리가 소음과 헛된 동요 아래에서 직관적으로 인식하게 되는 음악과 일치한다. 정신분석학자 안 뒤푸르망텔이 몹시 아름다운 구절을 통해 말했던 것처럼 말이다.

"우리는 떠나고, 결코 같은 모습으로 돌아오지 못한다. 이러한 외유는 우리의 내적 분열에 공명하기에 과거의 습관을 모두 뒤엎어 버린다. 우리는 전대미문의 것이 우리를 난폭하게 사로잡지 않도록 이미 각인된 체를 통해서만 세상을 파악해 왔다. 미리 생각을 마치고, 이미 알며, 예측하고, 추측하고, 예감해 왔다. 그렇기에 사랑이라는 날벼락이 그토록 놀라운 것이다. 사랑의 모퉁이를 도는 순간 가능한 모든 새로운 풍경들이 펼쳐진다."[172]

라고 생각해 본 적이 없었다."

[172] Anne Dufourmantelle, *En cas d'amour. Psychopathologie de la vie amoureuse*, Payot et Rivages, Petite bibliothèque, 2012, p. 157.

내 안에
자리 만들기

　이 비밀스러운 삶의 기쁨은 평온한 임신 상태를 경험하는 여성들에게서도 발견할 수 있다.[173] 내부와 외부의 두 세계, 시각의 영역인 소란스러운 세계와 촉각의 영역인 고요한 세계라는 두 가지 표현, 여기에도 이중의 현존이 있지 않겠는가? 임신한 여성들은 어떠한 사랑의 굴성 때문에 현실의 광경으로부터 등을 돌리고 몸의 속삭임에 귀 기울일 수 있게 되는 것일까? 간신히 지각할 수 있는 그 신, 눈앞에 육중하게 버티는 것보다 더 소중하게 느껴지는 생성 중인 존재의 떨림에 말이다. 우리는 곧 태어날 이 아이에게 우리의 정신적인 에너지, 생각과 관심, 투사를 쏟아붓는다. 그리하여 태아의 신체가 지닌 비밀스러움 속에서, 세상으로부터 숨겨진 친밀함 속에서 어떤 운동을 감지한다. 다른 어떤 경험이 이와 같은 공동의 존재를 선사할 수 있을까? 이 내적 존재는 기쁨으로 가득한 강박과도 같아서 외부 세계로부터 멀어지게 하고, 우리는 계속 이쪽으로 돌아오게 된다. '미래'의 어머니(그러나 그녀는 이미 어머니가 아니겠는가?)가 배 위에 올려놓은 손은 뱃속의 아이가 간청하는 관심에 대한 반응이다. 이는 투사, 모성적 환상, 아이에 대한 어머니의 사랑의 상상을 넘어서는 하나의 관계로, 눈에 보이지 않지만 너무 강렬해서 시각적인 것들은 그 매력을 잃고 자신의 특권적인 자리를 빼앗긴다. 임신한 여성은 베르그송의 예술가나 서투른

---

173 Adèle Van Reeth, *La vie ordinaire*, Gallimard, 2020, p. 113: "실재는 숨겨진 것이 되고, 그것은 비밀의 형태로 새로운 실존을 제시한다."

친구처럼 "방심 상태"에 빠져 있다. 아이가 탄생하기 훨씬 이전부터 확립된 침묵의 대화 속에서 그녀의 의식은 전적으로 자기 안에서 싹트기 시작하는 이 주관성 쪽을 향한다.

이 현존은 나 자신이 바라보는 나의 현존보다 더 친밀하다. 다른 어떤 존재도 그보다 더 친밀할 수는 없다. 여기서 성 아우구스티누스가 『고백록』에서 이야기하는 신의 내재성을 떠올리는 게 이상하게 보일지도 모르겠다. 하지만 참으로 이것은 존재의 확장이 가져다주는 큰 기쁨이며, 아우구스티누스 또한 말한 바 있는 강렬한 현존의 감각이다.[174] 우리 역시 임신 기간에 이와 같은 마음의 확장dilatatio cordis, 자기 안의 현존과 접촉하는 실존의 강화를 경험하기 때문이다.

---

[174] 철학자 장 루이 크레티앙은 자신의 저서에서 에 대해 시적으로 분석한 바 있다. *La joie spacieuse, Essai sur la dilatation*, Minuit, 2007.

안의 공간

"우리가 타인에게 속한 기저의 감각을 안다면 그들과 함께 있는 것이 늘 편안할 것이다. 사실 사람들은 자기 존재의 특정한 일부에 머물러 있기를 선호하며, 몸 전체를 동등하게 점유하기보다는 특정한 자리, 특권화된 위치에 거주한다."
— 앙리 미쇼, 『모퉁이 푯말』

그런데 나는 내적인 삶, 나의 몸 안에서 정말 제자리에 있는 것일까? 나는 어디에서 마침내 "내 집"에 있게 되는가? 『모퉁이 푯말』에서 앙리 미쇼는 우리 안의 "자리들"에 대해 질문한다. 내가 있는 장소는 어디인가? 머리인가, 다리인가, 뱃속인가? 나는 어떤 흥분이나 노스탤지어, 피로, 권태의 상태로 존재하는가? 어쩌면 "안의 공간"이 있어서 거기서 내가 거주하는지도 모른다. 그것은 "기저의 감각"으로, 감정적 토대로서 나의 존재의 습관을 구성하며, 이렇게 말해도 된다면 내 영혼의 형태, 실루엣이라고 할 수 있을 내면의 감각을 구성한다. 이렇듯 우리 각자는 밖에서 식별할 수 없는 자기 존재의 한 부분 안에 거주한다. 내가 눈 안에 거주하는 사람이라면, 손 안에 거주하는 남자에게 어떻게 말을 걸 수 있을까? 세계에 접근하기 위해 그는 두 손으로 더듬어 확인하지만, 나는 거리를 두고 지켜본다. 우리의 감각적 지향, 정서적 성향은 신체의 주름이며, 각자 세계와 관계 맺는 방식이며, 제각각의 강도로 타오르는 화덕이다. 우리의 존재가 띠는 자성은 우리를 각기 매우 다른 내밀한 장소로 데려다주는 감수성과 상처, 열망에 의해 천 가지 다른 방식으로 분극되어 있다. 고통은 나를 머리에서부터 발끝까지 집어삼킨다. 나는 더 이상 생각할 수 없고, 탈구 상태의 덫에 갇혀 버린다. 신체적이거나 정신적인 고통은 평소에 머물던 내적 공간에서 나를 밀어낸다. 그것은 내면의 뼈대를 뒤틀고, 우그러뜨리고, 수축시킨다.

내가 쓰지 않는 근육이나 정확한 위치를 모르는 장기가 있는 것처럼, 안의 공간에는 내가 차지하지 않은 백색 지대, 미개척의 영역이 있다. 어떠한 감정적 경험은 나 자신에게 끝내 낯선 것으로 남기도 한다. 분노나 고양, 자부심이나 야망의 모습이 추상으로 남는 것이다. 이러한 감각들에 사로잡혀 있는 사람에 대해 내가 이해할 수 있는 것은 무엇일까? 내가 말을 거는 저 사람이 거주하는 보이지 않는 장소에 대해 내가 무엇을 알 수 있을까? 어쩌면 타인은 나에게 이 거리만큼 떨어진 채 "얼굴을 마주한 수수께끼"[175]로 남도록 선고받은 존재인지도 모른다. 그러므로 나는 결코 다른 누군가의 자리에 진정으로 처해 볼 수 없다. 그가 가까이 있다고 해도 사정은 변하지 않는다. 나는 얼마만큼 진정으로 공감과 연민을 느낄 수 있을까?

만일 내가 타인이 어디에 있는지, 어떤 영혼의 궁전이나 캄캄한 뱃속에 있는지 알 수 있다면, 그가 있는 "자리"와 내밀한 상태에 접근할 수 있다면, 그의 내적 기분과 공명하는 공감 어린 말로 그를 대할 수 있을 것이다. 하지만 나의 말은 황량한 텅 빈 공간에서 길을 잃고 만다. 나는 그곳에서 그에게 도달할 수 있을 거라 믿

---

175 Henri Michaux, *Poteaux d'angle*, Gallimard, Poésie/Gallimard, 1981, p. 32.

었지만, 그는 거기 살지 않았다. 나는 그가 슬퍼한다고 생각하지만 그는 사실 화가 나 있다. 나는 그가 사랑에 빠졌다고 생각하지만 그의 마음은 이미 떠나 있다. 나는 그가 알아줄 거라 믿고 모호한 감정을 전달하지만, 그와 내가 겪어온 경험들이 너무 다르다는 점은 간과한다. 나는 나에게 친숙한 감정을 그가 겪는 상황과 연결시켜 투영할 뿐이다. 그리고 언제나 특정한 한자리에 선 채로 말할 수 있을 뿐이다. 나는 그의 내면 풍경에 결코 진정으로 도달할 수 없으며, 가장 가까운 존재도 나에게는 하나의 수수께끼, 질문, 놀라움으로 남는다. 그는 나를 사랑할 수 있지만, 배신할 수도 있다. 가장 가까운 존재가 우리가 생각하는 바로 그 사람이 아닐 수도 있다. 서로 친밀하게 거주하는 자리가 정렬되는 방식, 멜로디가 조화를 이루는 방식이 우리가 실제로 거주하는 외적 장소들, 공간이나 사회에 반드시 의존하는 것도 아니다.

그렇다면 타인을 이해하는 일을 포기해야 할까? 우리는 영원히 타인이 거주하는 내밀한 자리의 바깥에만 머물러야 할까? 미쇼의 작품은 이 질문들에 대한 대답을 제시해 준다. 어떤 철학자들은 내적 경험의 소통 불가능성을 주장한다. 미쇼 자신도 타인의 "자리"에 접근하는 것이 가능한지 의심한다. 그럼에도 그의 시는 우리 안에서 감각적 자리 이동을 불러일으키는 면이 있다. 미쇼는 자신이 사용하는 과잉 이미지, 어휘의 충돌, 단어의 폭력을 통해 우리를 고통받는 자의 자리 안에 난폭하게 던져 놓는다. 바로 이것이 시가 지닌 힘, 소설이나 영화가 지닌 힘이다. 책을 읽거나 영화가 상영되는 동안, 우리는 단 한 번도 처해 본 적 없지만 어쩐지 친숙하게 느껴지는 자리로 슬그머니, 혹은 후려치듯 옮겨진다. 작품의 힘은 우리 자신으로부터 벗어나 다른 인생, 다른 자리를 감각하고 그에 접근할 수 있도록 하는 데 있다. 미쇼는 "각 개인의 고유한 거주지가 타인이 알 수 없고 짐작하거나 느낄 수 없을 만큼" "개인적 소유물"임을 주장하지만,[176] 그의 작품을 수용하는 일은 그 반대 방향으로 나아가게끔 하는 듯하다. 우리는 그의 시를 통해 타인의 소유물이 지닌 신비에 얼마간 접근하게 된다.

나는 내가 이 감각적 내면의 지도 중 어디에 서 있는지 말할 수 있을까? 어쩌면 나의 자리 역시 불확실하고, 누군가를 만나거나 바람의 방향이 바뀌거나 감정이 변하면서 움직이지 않을까? 우리는 우리 자신의 자리에 대해 불명확한 생각만을 갖는다. 내 자리, 내 내면의 기반은 움직이는 중심이고, 존재의 습관이며, 그 지속성은 변이의 진폭 안에 있고, 일정함을 유지하는 것도 더 큰 표류 안에서다. 이러한 존재의 음조는 멜랑콜리하거나 태평할 수 있고, 불안 속에 있거나 자신감으로 차 있을 수 있다. 그것은 귀환과 도착의 지점을 이룬다.

"그들의 중심, 근사치로만 알 수 있는 변화하는 기저는 자기만의 습관, 주기, 불규칙성을 갖고 있어 그것을 유사 개인적인 것으로 만든다. 그곳은 그들이 밖으로부터 물러나 들어가 있는 곳이다. 그들은 그로부터 다시 밖으로 나와 발산되며, 그 중심은 거의 감각할 수 없을 만치 미미하게 움직인다."[177]

나의 소유물로 구성된 내 자리는 "각자에게 몹시도 특별한 것으로 남아 있는 모호하지만 강력한 지대"이고, 나에게 친숙한 땅

---

176 *Ibid.*, p. 32.
177 *Ibid.*

이며, 단어가 지닌 모든 의미에서 나를 재발견하게 되는 곳이다.[178] 희미하고 불확실한 이 자리는 완강하게 내 것인 채로 남는다. 미쇼가 확언하듯 내 자리를 혼동한다는 것은 나 자신을 혼동한다는 것과 같다. 다시 한 번 말하지만, 오로지 욕망만이 나를 그곳으로부터 돌연 벗어나게 하고, 내가 전혀 이해하지 못하는 세계로 데려가 완전히 길을 잃게 한다.

"그러나 여기 바깥에서 한 여자가 온다. 그녀는 나를 무수한 기쁨의 과녁으로 삼고, (…) 거듭해서 나를 온 세상으로 데려가고…… (…) 아무것도 이해하지 못하여 하나의 향기에 불과한 여행으로 금세 지쳐 버린 나는 그녀로부터 도망치며 다시 한 번 여자들을 저주하고, 이 행성에서 완전히 길을 잃어버린 채 내 소유물들을 애도하는 눈물을 흘린다."[179]

---

178 *Ibid.* 다음도 함께 참고하라. "Mes propriétés", *L'espace du dedans*, Paris. Gallimard, Poésie/Gallimard, 1998, p .42-43: "내 소유물들은 보잘것없지만 그럼에도 내 친밀한 터전을 표현한다. (…) 그건 명백히 나만의 터전이다. 나는 그것을 설명할 수는 없지만, 나의 터전을 다른 것과 혼동하는 것은 나 자신을 다른 사람과 혼동하는 것과 같다. 그것은 불가능하다."

179 Henri Michaux, "Mes propriétés", *op.cit.*, p. 42.

내 몸에
깃들어 살기

"그런데 우리의 삶은 어디에 있단 말인가?
우리의 몸은 어디에 있는가?
우리의 공간은 어디에 있는가?"
— 조르주 페렉, 『보통 이하의 것들』

나는 타인의 몸의 윤곽을 정확하고 뚜렷하게 볼 수 있다. 그러나 정작 나의 몸은 나에게 흐릿하게 나타난다. 선은 뚜렷하지 않고, 경계는 명확하지 않으며, 나를 감싸는 옷의 곡선을 따라 머뭇대는 물렁한 살은 자기주장과 현전의 요구 일체를 포기한 듯 보인다. 마치 형태를 버린 것처럼, 살과 덩어리로 존재하는 데 만족하는 것처럼. 팽팽함도 두드러진 특징도 없고 정체성의 요소도 없는 그저 물질에 불과한 것처럼. 일인칭으로 깃들어 겨우 살아가는 중력의 느낌, 중량, 적재물에 불과한 것처럼. "이제 나는 내 몸을 견딜 수가 없어."

누가 말하는가? 그는 아프거나, 늙어 가거나, 제 몸이 부적절하다고 느껴 거기서 자신을 알아보지 못하는 사람, 낯섦과 분노, 고통을 느끼며 힘겹게 참아 내는 사람, 족쇄라도 되는 양 견뎌 내는 사람이다. 때때로 나는 오래된 고철덩어리 같은 이 몸을 처분하고 싶다. 어떤 동물들처럼 허물을 벗고 탈피하기를 꿈꾼다. 아침에 눈을 떴을 때, 나는 끈덕지게 달라붙어 있지만 나에 대해 아무것도 말하지 않고 나를 배반하기조차 하는 이 껍데기에서 벗어나 다른 사람이 되어 있길 꿈꾼다. 나는 이 흉한 몸으로부터 해방되고 싶다. 제자리에 있지 못하다고 느끼는 일은 자신의 피부 안에서 불편하다는 것이기도 하다. 열세 살이건 쉰 살이건 상관없다. 자신의 외모가 싫어서 늘 불안감을 느끼며 몸의 변화를 살펴보는 것이다. 미셸 푸코는 조롱하는 나르시시스트인 우리 자신의 이미지가 자신을 모욕하는 것처럼 보일 때 어떻게 그것과 대면하는 일을 참아낼 수 있을지 묻는다.

"매일 아침 같은 현존, 같은 상처가 나를 기다린다. 내 눈앞에 버티는 거울이 비추는 이미지를 나는 피할 수가 없다. 초췌한 얼굴, 구부정한 어깨, 근시인 눈, 머리카락은 남아 있지 않고, 정말이지 아름다운 데라고는 없다. 이 흉한 껍데기, 도무지 사랑할 수 없는 새장 속에 갇힌 채 나는 나를 끌고 다니며 나임을 보여 주어야 한다. 이 격자를 통해 말하고, 바라보고, 바라봄을 당해야 한다. 나는 이 피부 속에 고여 있다."[180]

그처럼 흉해 보이는 껍데기에 어떻게 익숙해질 수 있을까? 나 역시 내 몸이 진정한 정체성을 표현해 줄 바람직한 몸이 아니라는 느낌을 받을 때가 있다. 부적절하고 몸에 맞지 않은 옷을 입거나 우스꽝스러운 변장을 한 것처럼 나는 내 몸으로 인해 고통받는다. 수치심, 불편함, 굼뜸, 또는 고통에 지나지 않는 이 몸. 나는 내 몸을 다시 그리고, 개조하고, 다듬어 내고 싶다.

"그는 자신을 되찾기 위해 몸의 표면을 확장한다. 그는 자신을 되찾기 위해 자신의 현존을 부정한다."[181]

---

[180] Michel Foucault, *Le corps utopique, Les Hétérotopies*, Gallimard, Nouvelles lignes, 2019, p. 10. 『헤테로토피아』.

나는 형태 없는 이 덩어리를 탈취하여 주도권을 되찾고 싶다. 몸 안에 감금되는 대신 몸에 깃들어 살 수 있길 바란다. 이 몸이 나를 왜곡하는 것이 아니라 내면에서부터 어떤 사람인지 표현해 주길 원한다. 나는 몸을 바꾸고 싶다. 몸으로부터 나 자신을 떼어 내고 싶다.

"껍데기를 깼다.

나는 몸의 감옥에서 벗어나 단순해진다."[182]

이 몸은 나를 지치게 한다. 나는 몸에 형태를 부여하기 위해 고군분투하지만 그것은 모래성처럼 무너져 내린다. 추함, 피로, 질병, 장애, 낙인이 되는 차이들을 숨겨야 하는 나는 있는 그대로의 내 몸으로 살 수 없다. 혹은 내가 원하는 대로 덜 여성스럽고, 덜 남성적이고, 덜 성별화되고, 고생한 티가 덜 나는 몸으로 살 수 없다. 나는 내 몸을 표준, 이상적인 모습, "정상성"에 끼워 맞추기 위해 끊임없이 애쓴다.

우리는 가까운 사람이나 사회가 요구하는 정상성의 기준을 내 몸에 채워진 굴레로 느끼고 해체하고 싶어 한다. 미쇼는 이러한 명령으로 인해 몸이 억눌리는 느낌과 그러한 정상성의 형식을 밖으로 내몰아 완전히 자유로워져야 할 필요에 대해 말한다.

"언젠가 나는 배를 바다로부터 먼 곳에 옭아매는 닻을 떼어 버릴 것이다.

(…) 나는 딱 붙어 있고, 잘 구성되고, 내 주변과 동류들에게

181　Henri Michaux, *La vie dans les plis*, Gallimard, Poésie/Gallimard, 2001, p. 179.
182　Henri Michaux, "Paix dans les brisements", *L'espace du dedans*, Gallimard, 1944, p. 320.

적합하다고 믿어져 왔던 그 형태를 내 멀리로 추방해 버릴 것이다."[183]

그리하여 우리는 파국을 바란다. 그것은 곧 자신에게 밀착하여 꾸밈없는 진실 속에서 처음부터 다시 시작할 수 있는 급진적 방향 전환이다. 미쇼의 표현을 따르자면 "파국의 겸허함으로 돌아갈 때" 그제야 우리는 이 몸을 다른 방식으로 살아 내는 일을 소망할 수 있다.

그러나 푸코에 따르면 나의 몸은 "가혹한 장소topie impitoyable"[184]다. 나에게 이 "공간의 파편"은 결정적으로 할당되어 있다.[185] 그에 따르면 "나의 몸, 그것은 내가 선고받은 어찌 해볼 수 없는 장소다." 나는 그것을 해체하고 싶다. "하지만 보라. 나는 그 없이는 움직일 수가 없다. 나는 그를 남겨 두고 다른 곳으로 떠날 수가 없다. 나는 세계 끝까지도 갈 수 있고, 아침 이불 아래 가능한 한 작게 움츠리고 있을 수도 있고, 해변의 태양 아래 녹아들 수도 있다. 하지만 그는 내가 있는 곳이라면 항상 함께 있다. 몸은 돌이킬 수 없이 여기 있고, 결코 다른 곳에 가지 않는다."[186]

---

183 Henri Michaux, "Clown", *L'espace du dedans, op.cit.*, p. 249.

184 Michel Foucault, *Le corps utopique, op.cit.*, p. 9: "나의 몸은 유토피아와 반대다. 결코 다른 하늘 아래 있을 수 없는 그것은 절대적인 장소이며, 엄밀한 의미에서 내가 그와 함께 몸을 만들어 가는 공간의 작은 파편이다. 나의 몸, 그 가혹한 장소."

185 *Ibid.* : "프루스트가 깨어날 때마다 다시 천천히, 불안하게 차지하게 되는 바로 이 장소, 나는 눈을 뜨는 순간부터 그것을 벗어나지 못한다. 몸이 나를 하나의 자리에 못 박는 것은 아니다. 어쨌건 나는 이동하고 움직일 수 있을 뿐 아니라 그것을 "이동시키고", 움직이게 하고, 그것이 차지하는 자리를 바꿀 수 있으니 말이다. 하지만 말이다. 나는 그것 없이는 이동할 수가 없다."

186 *Ibid.*

나 자신이 되는 것을 방해하는 이 "새장"에서 어떻게 벗어날 수 있을까? 이따금 내 몸을 지우고, 훼손하고, 버리고 싶을 만큼 내 몸이 "내 집"처럼 느껴지지 않을 때 나는 어떻게 해야만 할까?[187] 나의 외모를 정체성의 감각과 어떻게 일치시킬 수 있을까? 어떤 사람들은 내면과 외면을 동일한 축 위에 놓기 위해 옷, 운동, 수술, 호르몬 치료 등으로 몸을 개조한다. 어떨 때는 머리를 자르고 새 옷을 걸치는 것만으로도 과도해 보이는 특징들을 지울 수 있다. 불필요한 껍데기를 벗겨 내고 나면 오랫동안 내밀하게 존재했던 새로운 정체성이 드러나기도 한다. 여성적이었을 때는 그렇게나 쭈뼛하던 몸이 남성화되고 나면 족쇄에서 풀려나 민첩해지기도 한다. 너무 작거나 큰 옷이 사람을 우스꽝스럽고 어색하게 하는 것처럼, 갑갑하고 적응되지 않던 여성의 몸이 사람을 서투르게 했던 것이다.

나는 또한 내 몸이 나 자신의 것이 아닌 욕망과 투사로 점령된 전쟁터일 때 내 몸을 되찾고자 원할 수 있다.[188] 우리가 몸과 맺는 관계는, 일상적 판단 기준이 되어서는 안 되는 다른 개인의 시선이나 담론에 의해 매개될 때가 너무 많다. 타인의 성적 욕망의 잔인함이나 편향된 과학적 담론의 권위에 노출되어 너무 이른 시기부터 고유한 신체 경험을 빼앗긴 이들도 있다. 그럴 때 나의 몸은 더 이상 나의 영토가 아니라 속국처럼 느껴진다. 그리하여 나는 더 이

---

187 이 점에 대해서는 청소년들의 신체 훼손과 위험 행동에 대해 분석한 다음의 책을 참조하라. David Le Breton, *Disparaître de soi, une tentation contemporaine*, Métailié, 2015.

188 미국의 아티스트 바바라 크루거의 1989년작 콜라주, 〈Untitled(Your body is a battleground)〉를 떠올릴 수 있다.

상 자신을 알아보지 못하는 몸을 생산하는 과정을 스스로 내면화하기에 이르며, 결국 나 자신으로부터 분리된다. 과학적 주장, 인종적이거나 성차별적 편견, 성적 환상을 바탕에 두고 인위적으로 생산된 몸은 주체가 자신을 지각하는 것을 방해하고 교란한다. 따라서 외적 해석에 의해 더는 왜곡되지 않는 자기와의 관계를 사유하는 것이 중요하다. 자신의 경험을 스스로 표현하는 사람이 되어 내 몸에 일인칭으로 접근할 수 있어야 한다.

바로 여기

몸은 다른 무엇보다도 내가 사로잡혀 있는 우연적이고 우발적인 장소이며, "바로 여기"다. 미셸 푸코가 말했듯 나의 몸은 다른 가능한 곳이 존재하지 않는 '절대적인 장소'로, 거기서 빠져나오는 것은 불가능하다. 몸은 "그것 없이는 움직일 수 없"기에 다른 곳으로 갈 수 있는 조건이지만, 몸 자체는 내가 떠날 수 없는 첫 번째 장소로 남아 있다. 그 몸이 내 것이 된 것은 상황과 우연에 의해서다. 내 몸은 그것이 내포하는 모든 자의성, 몸을 통해 정체화되고 환원되는 것을 인식하며 느끼는 모든 불만과 더불어 나의 상황을 이룬다. 이처럼 "바로 여기" 있는 몸은 제자리의 자의성과 내 외양의 무작위성을 말해 준다. 바로 여기 내 몸이 있지만, 그것은 전혀 다른 모습일 수도 있었다. 나의 몸은 그 기원이 우발적임에도 불구하고 결정적으로 나를 규정한다. 나는 그로부터 벗어날 수 없다. 나는 묶여 있다. 그것은 "결코 다른 태양 아래" 있지 못한다.

"돌이킬 수 없이 바로 여기" 있는 몸의 원초적이고도 제한적인 특징은 유토피아를 향한 소망, 다른 장소를 향한 열망을 자극한다. 그것은 보이지 않는 가볍고 불멸하는 껍데기에 대한 꿈을 키운다. 푸코는 이처럼 "바로 여기"에 대한 또 다른 이해로 우리를 데려간다. 왜냐하면 "바로 여기"는 공간적인 만큼이나 시간적인 것이기 때문이다. 바로 여기ici는 시간을 나타내는 부사이기도 하다. 현존이 자신을 표현하고 내가 순간을 온전히 사는 것은 육화incarnation를 통해서다. 주체가 자신을 재구성하는 것은 살을 통한 의식의 포획 속에서이며, 욕망, 사랑, 섹수얼리티를 통해 파악되고 재결합되는 몸속에서다. 나는 "내 모든 밀도"로 존재하고, "확실성"을 얻는다. 그리고 타인의 사랑스러운 현전, 그들의 강렬한 관심이 깃든 접촉은 내가 몸의 두께와 강렬함 속에서 나 자신, 존재에 대한 확신에 접근할 수 있게 한다.

"사랑을 나눈다는 것은 자신의 몸이 자신을 담는 것을 느끼는 것이며, 마침내 모든 유토피아의 바깥에서 제 모든 밀도를 지닌 채 타인의 손 가운데 존재하는 것이라고 해야 할 것이다. 당신을 어루만지는 타인의 손가락 아래에서 몸의 보이지 않는 부분들이 비로소 존재하기 시작한다. 타인의 입술에 닿는 순간 내 입술은 민감해지고, 반쯤 감긴 타인의 눈앞에서 당신의 얼굴은 확실성을 얻는다. 그리고 마침내 당신의 감긴 눈꺼풀에 그의 시선이 닿는다. 사랑은 (…) 당신의 몸의 유토피아를 누그러뜨리고, 침묵시키고, 진정시키며, 상자처럼 감싸고, 닫고, 봉인한다. (…) 우리가 사랑을 나누는 것을 그토록 좋아한다면, 그것은 사랑을 나눌 때 몸이 바로 여기 존재하게 되기 때문이다."[189]

이처럼 내가 "바로 여기" 위치할 때, 현전할 때, 나는 제자리에 있는 것이다. 사랑 혹은 섹슈얼리티 속에서. 이제 더 이상 생각이나 기억, 고통 때문에 내 고유한 현실, 이 장소, 이 순간에서 벗어나지 않아도 된다. 이처럼 자신이 자신에게 현전하는 일은 흔히 방심과 파적破寂의 원리라고 여겨지는 일 안에서 일어난다. 많은 사람이 자신을 잊어버리게 되는 육체 관계에 대해 이야기해 온 바 있다. 그에 따르면 나는 타인과 결합하여 해소되고자 하는 시원적 충동을 욕망하며, 그 안에서 사라지고자 한다.[190] 푸코는 이와 반

---

[189] Michel Foucault, *Le corps utopique, op.cit.*, p. 19-20.

대로 육체관계 속에서 나 자신에게로의 행복한 복귀와 일치를 누리며, 그를 통해 마침내 나 자신으로 돌아가고 자신을 재발견하게 된다고 말한다. 나의 몸은 자신을 다시 움켜쥐어 하나가 되고, 다시금 하나의 자리가 된다. 형태와 정체성, 생명을 주거나 돌려주는 타자의 손과 사랑의 강렬함 덕분에 나의 몸은 나로부터 벗어나기를 멈추며, 촘촘하고 꽉 찬 닫혀 있는 통일체가 된다.

정신분석학자이자 소설가인 사라 시슈가 말하듯 사랑하는 사람의 몸은 나를 포함하며, 이러한 "보유"를 통해 나를 재구성하고, 재통합시키고, 나 자신과 화해시킨다. 자신과 타자에게 두 배로 현전하는 강렬함 속에서 다시금 몸 안에 깃들어 살아가기 위해서는 이러한 피부의 문지름, 덮어 주는 몸이 필요하다.

"머리끝부터 발끝까지 그의 몸이 내 몸을 덮는다. 그의 다리가 내 다리를, 그의 배가 나의 등을, 그의 팔이 나의 팔을 덮는다. (…) 그의 손 가운데에서, 그의 사랑을 통해, 그가 나를 꿈꾸고 내 전부를 잡아 두는 시선 속에서, 마침내 나는 나 자신을 다시 구성해 낸다."[191]

삶과 이어 주는 가느다란 끈이 끊어질 것 같을 때, 실존이 불확실하고 모든 것이 위태로울 때, 연약한 작은 생명이 막 시작될 때, 마지막 순간에 다다라 꺼져갈 때, 우리를 살아 있게 하는 것은 바로 이러한 접촉이다. 살아남기 위해 분투하는 미숙아를 지탱해

---

190 *Cf.* Georges Bataille, *L'érotisme*, Minuit, 1957. 조르주 바타유, 『에로티즘』, 조한경 옮김, 민음사, 2009.

191 Sarah Chiche, *Les enténébrés, op.cit.*, p. 130.

주는 것은 바로 이러한 몸의 접촉, 온기의 전달, 심장박동의 메아리, 맞닿은 피부다. 내 손을 잡고 죽어 가는 사람을 위로하는 것 또한 이러한 어루만짐이다. 삶이 시작하거나 끝나는 이토록 연약한 순간, 존재의 이 머뭇거림 속에서 "대답해야 하는 것이 바로 살갗"[192]인 것이다.

타인의 몸이 나를 감싸고, 안아 주고, 제2의 피부가 되어 나를 다시 통합시킨다. 나는 남자가 내 위에 몸을 뻗어 길게 누워 있을 때만큼, 혹은 아이가 나의 가슴에 파고들 때만큼 — 무게가 고작 몇백 그램임에도 불구하고 — 내 몸이 실재함을 실감한 적이 없다. 피부는 따스한 온기를 얻고, 이 접촉으로 인해 우리는 다시 살아난다. 이는 섹슈얼리티의 특성일 수도 있지만 사랑의 힘일 수도 있으며, 살이나 피부의 교류, 에너지의 교환이 주는 힘일 수도 있다. 어쩌면 그것은 어깨에 얹은 손이나 얼굴을 어루만지고 타인의 손을 꼭 잡는 손이 지닌 단순한 능력, 내면의 분열과 존재의 불확실성으로 인해 고통받는 자를 안심시키고 달래는 능력일 수도 있다.

내 자리는 어디일까? 바로 여기일까, 다른 곳일까? 우리가 사랑 안에서 제자리에 있다고 느끼는 이유는 아마 그러한 애정의 몸짓 덕분일 것이다. 내적 온기가 주는 감각, 자신과 타인에 대해 현전할 때의 강렬한 느낌, 적법하고 정당하게 자리를 차지한다는 확신 덕분일 것이다. 그럴 때 이 자리는 나의 자리이고, 내가 있어야 할 곳은 여기이며, 나의 실존과 현존은 바로 여기에서 오로지 나만

---

192 이는 롤랑 바르트의 표현이다. *Fragments d'un discours amoureux*, in *Œvres complètes*, V, Seuil, 2002, p .97. 롤랑 바르트, 『사랑의 단상』, 김희영 옮김, 동문선, 2004, 103쪽.

의 유일무이한 의미를 지닌다. 사랑 안에서 나는 대체 불가능하다. 아픈 부모님, 너무 일찍 태어난 아이, 내가 사랑하는 그/그녀…… 어떠한 사랑의 형태를 띠든. 어떠한 관계의 본성에서 사랑이 탄생했다 소멸하든.

일곱 가족 게임[193]

나는 가족사진 속 어디에 있는가? 내 가계도는 어떤 모습인가? 가족이라는 커다란 직소퍼즐 속에서 나의 자리는 어디인가? 마지막 마트료시카[194]에는 누가 숨어 있을까? 20세기 이래로 가족의 역사와 그것이 미치는 영향이 그 어느 때보다 중요해졌다. 자전적 이야기와 가족소설, 숨겨진 비밀을 추적하는 일 등이 유행처럼 확산되었으며, 심리학과 정신분석학의 여러 분야뿐 아니라 문학에서도 가족 관계가 자기 성찰에 필수적인 부분이 되었다. 어느 한 노래의 가사처럼 "부모도 가족도 우리가 선택한 것이 아니"라지만[195], 그렇다고 가족에게 우리를 규정하는 저항할 수 없는 힘이 있다고 여겨야 할까? 진정 선조들의 경험이 나에게 부여된 자리, 내 삶의 정서적 음조, 성격의 주름, 실존의 암초를 결정할까? 출생 순서, 어느 한 부모의 심리적 취약성, 다른 한 부모의 비극적 인생 등이 진정 나를 심리적으로 결정할까? 반대로 우리는 질 들뢰즈, 펠릭스 가타리와 함께 가족이라는 소극장에서 벗어날 가능성을 주장할 수 있다. 넓게 펼쳐진 지평의 매혹적인 힘을 망각한 근시안적 역사 읽기에서 벗어나는 것이다. 이는 먼지투성이 벽장을 뒤지는 대신 너른 시야를 가져 보는 것이며, 반복되는 친숙함 속에서

---

193 프랑스의 카드 게임으로 게임의 목표는 가능한 한 많은 가족을 한데 모으는 것이다. ─옮긴이.

194 러시아의 전통 인형. 인형을 열면 그 안에 더 작은 인형이 있는 식으로 여러 개의 인형이 포개져 있다.

195 프랑스의 가수 막심 르 프로스티에Maxime Le Frostier의 노래 〈어딘가에서 태어난 사람Né quelque part〉에 나오는 가사다. ─옮긴이.

자신을 정의하는 대신 역사 속 타자성의 자리를 찾아보는 것이기도 하다. 앵글을 바꾸고, 늘 반복되는 후렴구를 바꾸어 보자. 카드를 섞고, 친연성과 영향력의 게임을 다른 방식으로 상상해 보자. 정말이지 우리가 우리의 소속을 직접 선택하지 못할 이유가 뭐가 있겠는가?

우리는 자신을 혈통과 가족 역사의 포로라고 생각하곤 한다. 그 유산이 너무 육중하게 우리를 짓눌러 움츠러들게 할 때도 많다. 그런데 혈통은 단순한 문제가 아니다. 우리는 알려진 혈통과 알려지지 않은 혈통, 현실의 혈통과 환상의 혈통 모두의 후손이기 때문이다. 만일 우리가 과거의 이야기로부터 자신의 이야기를 구성해 내는 존재라면, 어쩌면 우리가 생각하는 것보다 더 큰 자유의 여지가 있을지도 모른다. 앞서 존재했던 사람들이 우리를 규정하는 것을 어디까지 받아들여야 할까? 분명 어떤 비극적인 가족 역사는 우리 안에 깊이 각인되기도 한다. 하지만 소설가 리디아 플렘에 따르면 우리는 이중의 기원을 다른 방식으로 바라볼 수도 있다.

"부모 두 사람, 가계 두 개를 가졌다는 것은 큰 행운이다. 한 세대에서 다음 세대로 넘어갈 때 반복과 단절 사이에서 새로운 모티프가 그려지고 새로운 조합이 등장할 수 있기 때문이다. 카드가 다시 분배되는 것이다. 게임이 모두 끝난 것은 아니다. 각자에게는 버릇없음의 몫이 있다. 항해의 균형을 잡기 위한 약간의 밸러스트,[196] 사물에 관한 다른 시선. 가족 신화의 변형. 소금 한 알을 추가하기. 한 걸음 물러서기. 관점 바꾸기."[197]

[196] 선박에서 균형을 잡기 위해 싣는 추를 의미한다. —옮긴이.

가계 두 개에 속한다는 것은 자신의 역사를 상상하는 방식이 두 가지라는 의미이기도 하지만, 무엇보다 나의 역사를 이야기하고 경험하는 다양한 방식이 있음을 이해한다는 의미이기도 하다. 혈통은 하나만 존재하는 것이 아니다. 하나의 카드덱이 다양한 게임에서 여러 규칙 아래 사용될 수 있는 것처럼, 과거와의 관계 맺음에도 각 요소를 새로이 배치할 수 있는 자유로운 구성, 무작위의 조합이 가능하다. 우리의 역사는 단일한 진리 덩어리, 단일한 길로 이루어진 게 아니다. 플렘이 말하는 버릇없음/부적절함impertinence, 우리가 자신에게 허락할 수 있는 자유는 바로 이러한 의도적 괴리에 있다. 기대에 부응하지 않기. 샛길을 택하기. 유산을 거부하기.

버릇없음/부적절함이라는 말에 대해 잠시 생각해 볼 필요가 있다. 어원적 의미에서 적절하다는 것pertinent은 나와 관련된 concerne 것, 나를 둘러싼cerne 것을 말한다. 그런 점에서 버릇없음/부적절함은 나를 둘러싼 원으로부터 벗어나 다른 곳을 바라보고, 감히 나와 상관없는 것에 섞여 들고, 전통을 조롱하는 것이기도 하다.

배신이라고 하는 이도 있을 것이고, 실망하는 이도 있을 것이다. 어쩌면 그것은 우리가 카드의 재분배를 읽는 방식이 각자 다르기 때문일 것이다. 두 개의 역사 사이에서 그것을 이해하거나 오해하는 우리의 사이-존재가 초래하는 불가피한 결과일 것이다. 태어난다는 것은 이미 선, 가지, 갈래들 사이에 있는 것이다. 성장한다는 것은 서로 다른 역사의 잡다한 요소들을 조합하고 결합하는 것

---

197 Lydia Flem, *Comment je me suis séparée de ma fille et de mon quasi-fils*, Seuil, 2009, p. 57-58.

이며, 위태로운 균형 속에서 이전에 존재한 적 없는 자기만의 자리를 창조하는 것이다. 이처럼 다양한 삶의 방식 안에 내재한 불협화음을 서서히 인식하는 아이는 그것을 조화시키려고 애쓰거나 그와 함께 유희하는 법을 배운다.

그렇다면 버릇없음/부적절함은 다른 방식으로 결합해 이루어진다고 해야 할 것이다. 가족에서 모티프를 포착하여 자기만의 방식으로 재해석하기. 따라야 할 길을 보기보다는 단서를 찾아내고, 운동의 실마리를 파악하고, 그것을 전개시키고, 아직 미완성인 것을 실현하기.

"나에게 어머니와 할머니는 "자발적으로 사라진" 여성들의 대열에 서 있다. 그들은 자율성과 독립성의 잠재력을 충분히 가졌지만 그림자 속에 머무는 데 그쳤다."[198]

내가 어떤 가계에 소속될지, 어떤 인물을 기준으로 삼을지 선택하는 사치를 항상 누릴 수 있는 것은 아니다. 때로는 과거의 고통스러운 비밀이 저주가 되어 폐허처럼 무너져 내리고 나를 덮치기도 한다. 하지만 그렇게까지 비극적이지 않은 경우에는 가족사를 실존의 가능성이자 실험의 이야기로 만들고, 그 이야기를 통해 성장하고, 나에게 의미 있는 것을 찾아낼 수 있다. 이전 세대의 여성들이 경험할 수 없었던 독립을 쟁취해 내고, 나의 어머니가 포기해야 했던 예술가의 경력에 도전하는 등 어둠 속에 가려져 있던 것을 빛 아래 드러내는 것이다. 이전 세대는 생각하지 못하고 상상할 수도 없던 위험을 감수하는 것이다. 가계 안에서 제자리를 찾는 것

---

[198] Anne Dufourmantelle, Laure Leter, Se trouver, *Dialogue sur les nouvelles souffrances contemporaines*, JC Lattès, 2014, p. 12.

은 이처럼 옆으로 살짝 비껴 나는 발걸음을 통해서 이루어지기도 한다. 선조들은 의식하지 못한 사이에 우리의 길을 예비해 두었을 것이다. 어쩌면 그들은 경로를 그려 주는 동시에 거기서 빠져나갈 틈새도 함께 알려 주는지도 모른다. 우리가 나아가게 될 어떤 여정은 이전 세대의 삶, 그들의 소망과 열망 속에서 이미 시작되었을지도 모른다. 우리는 자신도 모르게 앞선 다른 삶들의 꿈을 실현하는 것이다.

가지를
잘라내기

더 근본적으로는 프랑수아 누델만의 제안처럼 "계보학적 패러다임"[199] 자체에서 벗어나는 것이 필요하다. 이 철학자는 짧지만 강력한 저작 『나를 벗어나』에서 현대인의 연속성에 대한 강박과 정체성과 뿌리 찾기의 논리에 경고를 던진다. 우리는 "유령의 행렬"에 지나치게 자주 빠져들며, 의미를 찾기 위해 저 멀리 탐색해 나가는 대신 자신의 역사도 아닌 조상의 역사에 자신을 가둔다. 누델만의 눈에 이러한 태도가 게으를 뿐만 아니라 심지어 외설적인 것으로 보인다면(그는 자신이 "생존자의 아들"이라고 감히 주장하지 않을 것이다[200]), 그것은 정체성 할당이 외부에서 부과되는 것일 때, 그리고 성姓의 기원과 아주 먼 조상의 역사까지 체계적으로 끌어들여 자신의 행동과 선택을 설명하는 원칙으로서 삼을 때, 그것이 폭력적일 수 있음을 강조한다. 사회적·정치적·심리적 영역에 유행병처럼 돌고 있는 이 계보학적 논리는 정당한 것일까? 누델만은 질문한다. "계보학적 명령에 어떻게 저항할 것인가?"

"제자리를 갖지 못한 사람들, 자리에서 자신을 알아보지 못하는 사람들을 위한 자리는 어디에 있는가? 어쩌면 혼자 힘으로 자리를 옮겨 가야 하는 것은 아닐까?"[201]

물론 읽기의 도식을 해체하고 계보학적 패러다임을 허무는

---

[199] François Noudelmann, *Hors de moi, Variations III*, Éditions Léo Scheer, 2006, p. 9.
[200] 누델만은 유대인 가정 출신이다. —옮긴이.
[201] *Ibid.*, p. 12.

것만으로는 충분하지 않다. 그로부터 더 나아가 각자 자신의 실존에 부여하는 의미를 다른 방식으로 성찰하는 것이 필요하다. 우리는 선조들의 삶에 그 기원을 두는 자기 설명 방식을 고수할 것인가? 아니면 이 철학자가 제안하듯 모든 형태의 조상으로부터 자유로운, 과거의 흔적보다는 이동으로 정의되는 "자기에서 벗어나 hors de soi" 사유할 것인가? 주체가 창조되는 것은 반복의 폐쇄적 순환성 속에서가 아니라 운동과 흐름 속에서다.202 바꾸어 말하자면, 주체가 창조되는 것은 연속성보다는 단절을 통해서다.

"정당성의 나무가 우리에게 강요하는 나에서 벗어나 삶을 위험에 빠뜨려야 한다. 우리에게 떨어지는 명령들을 저지하여 자아를 가능한 어떤 것, 일시적이고 철회할 수 있는 것, 선택하고 협상할 수 있는 것이 되게 하고, 현재가 채택된 기억으로부터 양분을 얻도록 해야 한다."203

이러한 위험의 감수 속에서 주체의 진정성 — 그리고 주체의 근본적인 불확실성 — 이 실행된다. 그리고 이를 통해 자신의 유동성, 변이, 다르게 존재할 가능성, 생성과 자유의 가능성 자체를 보존할 수 있게 된다. 내가 많은 것들을 길어 내는 원천인 기억은 물려받는 것이 아니라 스스로 채택하는 것이다. 나는 가능한 한 거리를 두고 기억과 관계 맺는다. 이러한 관점에서 유산은 개인적 창조이며, 그 과정에서 오래전 과거의 목소리는 일방적으로 부과되는 것이 아니라 나 자신이 듣거나 듣지 않기를 선택할 수 있는 속삭임으로 이야기를 들려준다. 과거가 내 귀에 대고 울부짖는다면 그것

---

202 *Ibid.*, p. 15 : "주도권을 되찾고, 주체가 흐름 속에 있게끔 해야 한다."
203 *Ibid.*, p. 13.

은 순전히 트라우마가 될 것이다. 하지만 역사 대부분에서 나는 생각보다 가족의 과거에 대해 자유로울 수 있다.

"우리는 모두 각자 자신이 구성된 방식, 물려받은 유산과 비-유산, 움직이는 정체성, 내밀한 브리콜라주를 조정해 나가며 살아간다."[204]

그러나 가계의 나무에서 뻗어 나온 가지 하나에 자신을 접목한 것처럼 자신을 혈통 안에서 인식하고 그 대리인으로 사는 사람들도 있다. 누델만은 이처럼 "다른 삶, 다른 정서"[205]를 떠안는 방식에서 자기중심성이 반영되어 있음을 간파하고, 마치 과거의 실존을 반복하듯 조상에게서 발견되는 것과 같은 특질 속에서 자신을 인식하게 되는 이유가 무엇인지 질문한다. 조상들의 삶은 우리 삶에서 어떤 역할을 하는가? 그것은 위안인가, 변명인가? 그러한 연결은 소속에 대한 욕망, 고독과 새로운 것에 대한 공포로 인해 억지로 만들어지고 과장된 것은 아닌가? 그러므로 가족의 과거라는 지원 없이 자신이 될 위험을 감수하는 것, 자꾸만 과거를 향해 고개를 돌리는 기만을 피하는 것은 주체의 진정성과 자율성을 위한 조건이다. 나아가 그것은 주체가 숨을 쉴 수 있는 조건이다. 계보학의 논리는 먼지 쌓인 낡은 종이뭉치처럼 우리를 질식시킨다. "조상의 정체성을 떠맡는" 것, 그것은 "자신의 기억을 가족 내러티브로 축소"[206]하는 것이다. 나의 자리는 내가 위치한 가계의 가지 하나로 완벽히 환원되지 않는다.

204 *Ibid.*, p. 15.
205 *Ibid.*, p. 26.
206 *Ibid.*, p. 15.

"가족 외부의 존재들, 학교나 거리, 여행 중에 마주쳐서 우리에게 결정적인 영향을 미친 사람들에게 자리를 부여하는 것"[207], 가족 이외의 인물이 지닌 중요성을 깨닫는 것 역시 중요하다. 다행히 우리의 삶은 가족과 함께 사는 집의 문턱에서 멈추지 않는다.

"우리가 혈통을 떠나 살아가면서 만난 사람들이 조상들보다도 더 결정적인 유산을 물려주는 일이 종종 일어나지 않는가?"[208]

선생님, 동급생, 단짝 친구들, 소설 속 인물은 우리가 차이와 타자성에 대해 생각하도록 북돋우며 지나치게 익숙한 것에서 벗어나 자유로워지게 해준다. 계보는 또한 정서적이고 상상적인 것이기도 하다. 낯선 얼굴, 새로운 말 한 마디가 새로운 나무를 탄생시킬 수 있다. 그런 식으로 친밀한 영향의 지도가 만들어진다. "현재의 삶을 가득 채우는 관계들, 기억들, 감정의 침전물들을 따를 수 있게 해 주는 유동적인 별자리의 윤곽"[209]이 그려지는 것이다. 누델만은 몽테뉴에게서 빌어온 "계통의 윤리" 안에서 이처럼 "선택적이고 감성적인 계승의 구축"[210]을 옹호한다.

우리의 정체성은 분명한 출처를 알 수 없도록 뒤얽힌 목소리들로 짜여 있다. 누델만은 "얼마나 많은 다른 목소리들이 자아의 지시에 따라 퍼져 나가는가?"라고 묻는다.[211] 우리는 부지불식간에 우리에게 흔적을 남긴 어조, 리듬, 음색을 취하고, 타인의 숨결이 깃든 말 속에는 그들의 속삭임과 메아리가 울려 퍼진다. 목소리

207 *Ibid.*, p. 31.
208 *Ibid.*, p. 27.
209 *Ibid.*, p. 31.
210 *Ibid.*, p. 27.
211 *Ibid.*, p. 103.

들은 우리를 관통하여 말을 건다. 그들이 우리를 부른다는 것은 이름을 붙인다는 의미가 아니다. 그들은 우리에게 호소하고, 우리 안에서 무언가를 일깨운다.[212] 그러나 이 메아리는 불안하다. 이 말들은 친숙함으로 위로하는 것이 아니라 "불협화음을 통해 침입"한다.

"사방에서 쏟아져 들어오는 불협화음은 우리로 하여금 다른 음조로 말하게 하고, 동일한 욕망의 대상을 반복하지 않게끔 한다. 왜냐하면 그것이 우리를 변화시키고 우리 자신과 불협하게 하기 때문이다."[213]

다른 어조로 말한다는 것은 이 명령을 거꾸로 받아들여 자신이 다른 방식으로 말하도록 허용한다는 것이다. 불협화음의 경험 속에서 제 목소리의 소유권을 찾고 타인이 나를 대변해 말하도록 두지 않는다는 것이다. 누델만의 주장에 따르면 계보학의 패러다임에서 벗어난다는 것은 우리에게 할당된 자리에서 벗어나 운신의 폭을 넓히는 것이다.[214] 주체가 형성되는 것은 이러한 자리 옮김, "우리를 자신으로부터 벗어나게 하는 모든 것의 시련"을 통해서다. 우리로 하여금 자신이기를 잠시 중단시키고 자리의 질서로부터 벗어나게 하는 것은 결국 우리를 자유롭게 한다.

"고통이나 반항이 야기한 단절은 가족이나 사회적 위치가 결정해 주는 것과는 다른 방식으로 행위할 자유를 발견하게 한다."

---

212 이러한 "목소리의 밀물"에 대해서는 102쪽 전체에 매우 아름다운 방식으로 기술되어 있다.

213 *Ibid.*, p. 103.

214 *Ibid.*, 이 아이디어와 이어지는 인용문들은 109-110쪽에 실려 있다.

의자 놀이

"무대 뒤에 숨은 등장인물 그 누구도 새 무대 장식의 출현을 알리는 세 번의 노크를 하지 않았다. 새 무대 장식은 이전과 거의 동일했지만, 무엇인가가 움직인 것이 확실했다. 가구, 바닥, 오브제, 용품들…… 모든 것이 제자리에 있었지만 우리는 다른 것을 지각할 수 있었다. (…) 이 사물들은 동일한 공간에 다시 옮겨진 것이다."215

인생에서 경사로운 일이나 사고가 일어나면 혈통이나 가족적 관례로 확립되었던 일상적 자리의 질서가 전복된다. 세상이 움직이고 풍경이 바뀌기 위해서는 누군가가 탄생하는 것만으로도 충분하다. 장소를 새로이 점유하는 것은 일화적인 일에 그치지 않는다. 그것은 가족이 움직이는 별자리임을 상기시켜 준다. 방을 바꾸고, 1층으로 이사하고, 사무실을 재배치하고, 증축하는 등 이 모든 자리 옮김과 공사는 한 가족의 행복하거나 근심 어린 역학을 나타내 준다. 상징적인 자리 역시 이동하고, 역전되고, 교환된다. 보호와 보살핌뿐만 아니라 권력과 지배의 관계도 변모하며, 그것은 부모와 자녀, 형제자매가 맺는 유대의 본성을 바꾸어 놓는다. 가족 모임의 조직, 기념일의 기억, 공과금 납부와 같은 것은 모두 우리가 가족의 역학 안에서 차지하는 자리와 소속을 나타내 주는 기호다. 성공, 부, 명성, 출산, 나아가 인생의 시련과 직업적·정서적 부침은 가족 구성원들이 공유하는 관계, 관심, 현존의 유형을 재정의한다. 아픈 아버지를 돌보는 것은 누구이고, 아픈 형제를 방문하

---

215 Valérie Mréjen, *Troisième personne*, P.O.L., 2017.

는 것은 누구인가? 실존의 여러 단계, 인생이라는 체스판의 한 칸에서 다른 칸으로 움직이는 속도, 후퇴라고 느끼는 순간들, 내게 부과된 규칙을 거부하는 순간들은 모두 상징적 자리의 분배가 시간의 흐름 속에서 계속 변화해 감을 보여 준다. 이 가족 게임에서 판정이나 설욕전은 어떻게 이루어질까? 카드를 다시 섞는 것은 무엇일까?

노화나 질병, 우울증이 찾아오면 더 이상 제자리를 지키기 어려워지고, 이미 확립되어 있던 돌봄과 보호의 관계가 역전되기도 한다. 내가 아버지와 어머니, 형제의 부도가 되고, 배우자를 환자로서 돌보게 되는 것이다. 극도로 어려운 상황에서 서로를 낯선 사람처럼 바라보게 되는 일은 애정과 유대감을 비극적으로 변화시키거나 마멸시키는 시련이 될 수 있다. 누가 누구를 돌보는가? 엘렌 식수, 아니 에르노와 같은 작가들, 도날드 위니콧과 같은 정신의학자들, 미셸 말레르브와 같은 철학자들은 부모나 반려자와의 관계에서 일어나는 이러한 중대한 변화에 대해 다룬 바 있다.[216] 우울증에 빠진 어머니, 학대하는 어머니는 이미 심리학적 성찰의 대상으로 많이 다루어 온 주제이며, 최근 들어서는 이야기나 소설의 주제로 널리 쓰인다.[217] 어머니는 사투르누스처럼 자신의 자녀를 먹어 치울 수 있다. 쇠약한 부모를 대신하여 형제자매를 돌보는 청

---

216 이 질문과 참고자료들에 대해서는 다음 책에서 다룬 바 있다. *Rupture(s)*, Éditions de l'Observatoire, 2019, p. 123부터.

217 도널드 위니콧(*La mère suffisamment bonne*, Paris, Payot, Petite bibliothèque, 2006), 안 뒤푸르망텔(*Il a sauvagerie maternelle*, Rivages Poche, Petite bibliothèque, 2016), 리오넬 뒤르와(특히 *Le Chagrin,*, Paris, J'ai lu, 2011), 사라 쉬슈(*Les enténébrés, Saturne, op.cit.*) 등이 있다.

소년들도 있다.[218] 근심 걱정 없는 유년기, 자기중심적인 청소년기로 채워져야 했을 그 자리에는 어떤 공백이 남을까? 우리는 잃어버린 순간들을 만회할 수 있을까?

이와 대칭되는 물음을 던지게 되는 일도 일어난다. 사고나 질병으로 내 아이를 돌볼 수 없게 될 때가 그렇다. 더 이상 내 아이를 돌볼 수 없을 때 나는 누구인가? 철학자 장-뤽 낭시는 『침입자』에서 이식수술과 그 후유증으로 철학자, 남편, 아버지 등 그의 정체성을 구성하는 어떤 자리도 맡을 수 없게 될 때, 그때도 여전히 자신을 아버지라고 할 수 있을 것인지 질문을 던진다.[219] 의자 놀이 중 노래가 멈추었는데, 그에게 남은 자리는 없다.

어떤 비극적인 자리들은 도저히 견딜 수 없는 나머지 거의 불미스러운 일로 여겨져서, 어떤 언어권에서는 그것을 지칭할 단어조차 남겨 두지 않는다. 프랑스어에는 아이를 잃어 상중인 부모를 지칭하는 단어가 없다. 단어는 존재하지만 폭력적인 비극적 감정을 불러일으키기 때문에 들으려 하지 않는 경우도 있다. 우리가 "사생아", 원치 않은 아이, 비밀스럽고 금지된 관계나 강요당한 관계의 결실일 때, "사고"의 산물일 때, 우리의 자리는 어디에 있는가? 내가 고인이 된 사람을 "대체"하여 그의 이름을 이어받거나, 어린 나이에 죽은 형제자매를 잊기 위해 태어난 존재일 때, 나는 누구인가?[220]

가족에게 일어나는 이 같은 격변은 우리가 확실히 마음을 정

218 Salomé Kiner, *Ibid.*, Grande couronne#, Christian Bourgois, 2021.
219 Jean-Luc Nancy, *L'intrus*, Galilée, 2000, p. 41.
220 이것은 작가 본인이 태어나기 전 6살의 어린 나이에 죽은 언니의 존재를 알게 된 아니 에르노가 『다른 딸 L'autre fille』(Paris, Nil, 2011)에서 던지는 질문이다.

하지 못한 채 혼란스러운 상태로 차지하게 될 자리를 다시 정의하도록 떠민다. 안느 폴리는 소설 『내가 잊기 전에』에서 아버지의 죽음이 "클러치를 넣고" 떠나야 할 절실한 필요성을 깨닫게 해준 사건이었다고 분석한다. 그녀는 애도의 슬픔이 그녀를 어떻게 변화시켰는지, 각자의 자리를 어떻게 이동시키고 내면을 어떻게 바꾸어 놓았는지 멋진 유머와 감성을 실어 묘사해 낸다. 화자는 돌연 자신의 실존이 정체되어 있으며 잉여와 같은 존재임을 깨닫는다.

"내가 앞으로 나아가는 것을 덜 두려워했다면, 거기로 가는 것이 이렇게까지 무섭지 않았다면, 문자 그대로의 의미에서나 비유적인 의미에서 클러치를 넣는 것이 두렵지 않았다면, 바보처럼 누군가 나를 찾아오기를 기다리는 대신 내 작고 하얀 푸조 206을 타고 푸아시의 대학병원으로 가는 고속도로를 홀로 달릴 수 있었을 것이다. 바로 저기 누구든 접근할 수 있도록 열려 있는 고속도로를 나는 전속력으로 달려갈 수 있었을 텐데, 어째서 나는 그토록 많은 시간을 도로가 열리기를 기다리며 인생을 허비했을까?"[221]

도저히 짊어질 수 없는 역할에서 해방되기 위해서는 때로는 감정의 폭력이 필요하다. 우리는 의자 놀이를 가족적 메타포만큼이나 사회적이고 정치적인 메타포로도 읽을 수 있다. 어떠한 정치·경제적 지형 안에서는 한 사람을 다른 사람으로, 맹목적으로, 기계적으로 대신하는 수익성의 논리에 따라 우리 눈에 대체 불가능하게 보이는 것들까지 신속하게 대체된다. 폴리의 소설은 사회적으로 프로그래밍된 실패, 비참한 처지, 경기장 밖 벤치로의 강등도 다룬다. 불안정한 자리를 둘러싼 이 잔인한 게임에서 모든 사

---

[221] Anne Pauly, *Avant que j'oublie*, Verdier, 2019, p. 89.

람은 서로 교체될 수 있다. 가장 먼저 자리를 잃게 되는 이는 가장 약하고 무력한 사람일 것이다.

누락된 자리

"나는 안정적이고 흔들리지 않는 곳, 범할 수 없는 곳, 손대지 않았으며 거의 손댈 수 없는 곳, 깊게 뿌리내린 변함없는 곳들이 있었으면 좋겠다. 준거점이자 출발점, 근원이 되어 줄 장소들이.

나의 고향, 내 가족의 요람, 내가 태어났을지도 모르는 집, 내가 자라나는 것을 보았을지도 모르는(내가 태어난 날 아버지가 심었을지도 모르는) 나무, 온전한 추억들로 채워져 있는 내 어린 시절의 다락방……

이런 장소들은 존재하지 않는다. 그리고 그곳들이 존재하지 않기에, 공간은 질문이 되고, 더는 명백한 것이 못 되며, 더는 통합되지 않고, 더는 길들여지지 않는다. 공간은 하나의 의심이다. (…) 한 번도 내게 주어진 적이 없지만, 나는 그곳을 정복해야만 한다."
― 조르주 페렉, 『공간의 종류들』

페렉은 살면서 아이 방을 가져본 적이 없다고 한다. 그처럼 단 한 번도 차지해 본 적 없는 누락된 자리, 그것이 상징하는 장소에 대해서도 이야기해야 할 것이다. 페렉에게는 우리가 정체성을 형성하고 그 일부를 이루는 곳, 위안을 주는 장소가 결여되어 있다.

그러한 장소들은 우리가 오랫동안 거주할 수 있는 안표이자 자원이 되어 준다. 우리의 탄생 및 역사와 연결되어 있으며, 우리의 현존을 증언하고, 확증하고, 상징적으로 뒷받침해 주기도 한다. 예외적인 특별한 자리를 말하는 것이 아니다. 그것은 각자의 역사가 전개되는 평범한 자리, 삶의 문법에서 "평균적인" 위치를 차지하는 자리들이다. 실존의 자리는 문법의 규칙으로 설명할 수 있다. 처음에는 애정의 목적어였다가 세월이 흘러 애정의 주어가 되고, 여러 동사 변화들을 거치다 끝내 조건법[222]에 익숙해지는 것. 유년기에 근심 없는 시절을 보내지 못했다면, 인생의 첫 번째 자리를 거부당했다면, 바로 그 쓰라린 생략법으로 인해 성인으로서의 삶은 부서지기 쉬운 약한 것이 될 것이다. 이 거대한 부재가 자리를 전부 차지하여 지금 여기 생생하게 있는 것마저 흐릿하게 할 것이고, 베일에 가려진 채 저 멀리 있는 것처럼 느끼게 할 것이다. 우리가 이따금 빠져드는 슬픔의 심연처럼 저 아래 아가리를 벌리는 과거의 틈새는 멀리 도약하려는 우리를 자꾸만 집어삼킨다. 살아지기보다는 "수행"되는 것에 가까운 이러한 실존에서 정신은 돌이킬 수 없는 것에 사로잡혀 벗어나지 못한다.

작가이자 영화감독인 로베르 보베르는 저서 『때때로 삶은 확실성을 잃는다』[223]에서 놀라운 일화 하나를 들려준다. 페렉이 처음으로 모리스 나도에게 원고를 넘겼을 때, 편집자는 작품에 알파벳 'E'가 없다는 것을 눈치 채지 못했다고 한다.[224] 그러한 누락을 눈

---

[222] 프랑스어에서 조건법 과거는 이미 일어난 일이나 하지 못했던 일에 대한 후회를 나타낼 때 쓰인다. —옮긴이.

[223] Robert Bobert, *Par instants, la vie n'est pas sûre*, P.O.L., 2020, p. 192.

[224] 조르주 페렉은 소설 『실종La Disparitions』을 알파벳 'E'을 사용하지 않고 저술

치채지 못하고 넘어가는 것이 가능할까? 그럴 수도 있다. 부재는 자신의 명증성에도 불구하고 매 순간 우리의 시야를 빠져나가는데, 왜냐하면 우리가 그 부재를 보고자 하지 않기 때문이다. 그러나 우리는 이러한 부인 속에서도 없음을 통해 공허를 둘러싼 윤곽을 만들어 나간다. 그리하여 부재는 회피, 우회, 침묵을 통해 음각으로 자신의 자리를 그려 나간다.

"무언가 누락된 것이 있었다. 아무도 보지 못했고, 알지 못했으며, 보길 원하지도 않은 망각, 공백, 구멍이 있었다. 우리는 사라졌다. 그것은 사라졌다."[225]

때때로 삶은 확실성을 잃어버린다. 우리가 두 발을 딛고 서 있는 땅이 무너져 내린다. 과거는 나를 약하게 만들고, 나를 배신한다. 이미 사라진 것들이 지금 존재하는 것보다 더 나를 무겁게 짓누른다. 같은 책에서 보베르는 어느 여성 독자와의 교류에 대해 언급한다. 2차 대전 당시 강제수용되었던 부모를 전혀 알지 못했던 그녀는 딸들의 행복한 어린 시절을 부러워하기 시작한다. 돌봄을 받는 아이의 자리에 있어 본 적 없다는 사실은 그녀로 하여금 자신을 의심하게 한다. 사랑을 받아 본 적 없는 그녀가 사랑을 줄 줄 아는 어머니가 될 수 있을까? 유년기의 이 결핍은 딸들과의 관계에도 영향을 미친다.

"그녀는 어린 딸들을 질투했다. (…) 그녀는 딸이 되어 애정의 몸짓을 원 없이 요구하고 또 받고 싶었다. 그녀는 단 한 번도 그런 것을 얻어 본 적 없었기에, 자신이 딸들에게 보여 주는 몸짓이 적했다. — 옮긴이.

[225] Georges Perec, *La disparition*, Gallimard, L'Imaginaire, 2017, p. 28.

절한 것인지도 알지 못했다."[226]

보베르는 그녀의 고통과 불안에 응답하기 위해 알파벳 E가 부재하는『실종』을 떠올리며 이를 독자의 어린 시절과 비교한다.

"그렇다. 그녀의 어린 시절은 남달랐다. 페렉의 책이 남달랐던 것처럼 말이다. 그러나 그녀는 부모님이 마지막 순간까지 그녀를 위해 희망했던 삶을 누릴 수 있었다."[227]

알파벳 E 없이 책 한 권을 쓰는 것이 가능하다면, 부재 투성이의 구멍난 삶이라 해도 그것을 살아 내는 것 역시 가능하다. 모국어에서 가장 필요한 글자 E 없이 책 한 권을 쓰는 것이 가능하다면, 가장 사랑하는 사람 없이도 인생을 전부 살아낼 수 있다. 그 부재가 우리의 문법을 바꾸고 어휘에 그늘을 드리운다 해도 우리는 계속해서 실존의 이야기를 들려줄 수 있을 것이다. 우리가 가장 소중한 이들을 잃었을 때 그들 없이 살기 위해서는 E 없이 이야기를 쓰는 데 필요한 것과 같은 광기와 기발함이 필요하다. 그렇게 할 때 삶은 그들의 부재에도 불구하고 우리 자신의 것이 될 것이다. 보베르는 부모가 그녀에게 품었던 희망, 아마도 그들의 궁극의 바람이었던 희망을 긍정함으로써 부재를 관심으로 역전시키고 결핍의 이미지를 강렬한 희망의 이미지로 대체한다. 그녀는 부모의 보살핌과 사랑을 받지 못했지만, 그들의 바람과 희망의 심장부에는 그녀가 있었다. 그들은 그녀가 가능한 최상의 삶을 살기를 소망했고, 그녀는 그것을 손에 넣었다. 하지만 그녀는 연기자이기보다는 관람자인 것처럼 그 삶에 충분히 깃들지 못했다. 보베르는 단언한

226 *Ibid.*, p. 192.
227 *Ibid.*

다. "그녀의 부모님은 온 힘을 다해 바랐을 것이다."[228]

보베르의 이 짧은 문장은 존재하지 않았던 것을 존재했던 것으로 대체하는 힘을 지닌다. 그녀를 향한 부모의 관심을 돌려주고, 그들이 마지막 순간까지 그녀를 생각했으며 그들의 사랑의 심장부에 그녀가 있었다는 확신을 돌려준다. 죽음 직전까지 딸을 걱정하는 부모의 이미지는 이미 누락되어 버린 자리를 포기하지 않고 보상을 요구하던 그녀 안의 작은 소녀를 위로해 준다. 또한 이 젊은 여성이 실존의 밀도를 되찾고, 현재에 그림자를 드리우는 강박적인 과거로 인해 뒤로 비켜서 있던 삶, 발붙이지 못했던 삶 속에 다시 정착할 수 있게 한다. 그리하여 우리는 틈새를 메워 그 안에 깃들 수 있게 되며, 한때 우리가 차지하고 싶었던 자리를 자녀에게 선사함으로써 완전한 엄마가 될 수 있게 된다.

어쩌면 삶을 살아간다는 것은 유년기의 구멍을 메워 나가는 과정인지도 모른다. 인생의 첫 순간에 입은 상처들을 치유하고, 한때 자신이었던 아이, 이따금 우리가 완전한 어른이 되는 것을 방해하는 그 아이를 돌보는 것이다. 우리는 자신을 치유하기 위해 물건을 고치고, 목소리를 되찾기 위해 일인칭으로 이야기하고, 관점을 재정립하기 위해 역사를 기록한다. 에마뉘엘 랑베르는 소설 『내 아버지라는 소년』에서 성인이 되고 난 후에도 유년기의 민감한 상처를 노출하는 몸짓들에 대해 이야기한다.

"내 어머니의 어머니는 어린 시절에 장난감을 가져본 적이 없었다. 그녀는 고장 난 장난감을 사서 고치곤 했는데, 그 행위를 통

[228] *Ibid.*

해 버림받은 고아였던 과거의 자신을 거두어들이고, 그 버려진 인형들을 자신의 추억에게 선사하려는 듯했다."[229]

어떤 사람들은 황량했던 유년기의 분신을 자기 안에 지녀서 그를 위로하기 위해 다양한 몸짓들을 동원해 애쓴다. 소설가는 이 내면의 분신에 대한 강렬한 이미지를 보여 준다.

"몸에 자신과 쌍둥이였던 이의 죽은 배아를 지니는 사람들이 있다고 한다. 마치 그처럼, 어떤 사람들에게는 그들의 쓸쓸한 어린 시절이 죽은 배아처럼 몸에 달라붙어 있는 것 같다."[230]

때로는 타인의 말 몇 마디만으로도 손상된 옛 사진을 복원하듯 민감한 과거를 치유하고 고통스러운 기억의 경련을 진정시킬 수 있다. 랑베르가 아버지의 어린 시절에 대해 썼던 것은 어쩌면 한때 외로운 아이였던 아버지를 돌보려는 시도인지도 모른다.

---

[229] Emmanuelle Lambert, *Le garçon de mon père*, Stock, 2021, p. 25.
[230] *Ibid.*, p. 22.

자리를
발명하기

다들 타인의 삶에서 제 것이 아닌 실존의 단편을 훔쳐본 적 있을 것이다. 가까운 사람들에게서 다른 종류의 삶의 방식, 경험해 본 적 없는 애정의 형태를 찾고 실험해 보는 것이다. 그들에게서 빌어온 새로운 멜로디는 일상에 새로운 음조를 부여한다. 우리는 마치 낯선 의상을 입고 분장이나 변장을 하듯 타인의 존재 방식을 차용한다. 타인의 역할을 연기하고, 잠시 잠깐 그 자리를 차지해 본다. 우리는 흉내를 낸다. 그런데 우리는 허구의 **"척하기 let's pretend"**를 통해 유년기에 나 있는 구멍을 대신 메우기도 한다. 이러한 일시적 대체에서 무언가 매우 진지한 일이 벌어지는 것이다.

위고 린덴베르그는 소설 『언젠가 텅 빈 때가 찾아올 것이다』에서 어머니 없는 유년의 고통을 정확하고 냉혹한 언어로 묘사한다. 화자는 어린 소년으로, 할머니, 그리고 나이 들고 분별 없는 고모와 함께 노르망디에서 방학을 보내는 중이다. 아버지는 아주 가끔만 언급되고, 어머니에 관한 것은 공백으로 남아 있다. 화자에게는 "평범한" 가족들의 삶이 하나의 미스터리이며, 그는 그 비밀에 접근하기 위해 해변에서 다른 가족들을 관찰한다.[231] 여름 피서지에서 벌어지는 촌극들을 통해 평범한 가족의 단순한 행복을 엿보던 그는 어린 밥티스트를 만나 그의 집에 방문할 기회를 얻게 된다. 화자는 자신이 훔쳐낸 그 잠깐 동안 자신을 그 가족에 입양되

---

[231] Hugo Lindenberg, *Un jour ce sera vide*, Christian Bourgois, 2020, p. 27: "나의 호기심을 자극한 것은 자녀들과 함께 있는 부모들, 평범한 가족의 지루한 일상이었다."

어 어머니와 함께 살게 된 아들의 자리에 집어넣는다.[232] 그는 가족 안에서의 자리를 공고히 해주는 사물들과 의식들 — 이름을 새긴 냅킨 홀더, 탄생을 기념하며 심은 나무 — 을 관찰한다.

"식탁을 둘러싸고 제자리가 정해져 있으며, 냅킨과 나무 홀더에는 각자의 이름이 새겨져 있다. (…) 여기에 내 것도 있다. 이름이 새겨져 있지는 않지만 별이 그려져 있다."[233]

그가 무엇보다 기대하는 것은 잠자리에 들기 전 어머니가 이마에 입맞춤을 해주는 것이다.

"동요하는 모습을 숨기고 다정한 태도에 익숙한 아이처럼 보이려면 집중해야만 한다. (…) 마침내 나는 입맞춤을 받을 준비가 되었다."[234]

모든 것이 평범하고 당연한 것처럼 행동하지만, 그는 어머니의 입맞춤이 자신의 유년기를 증명하고 사랑받을 권리를 잠시나마 부여해 주길 기대한다.

내게 특별한 관심을 보여 주는 사람의 몇 마디 말, 간단한 몸짓이 오랫동안 지키고자 노력하게 될 자리를 — 결정적이거나 일화적인 방식으로 — 마련해 주는 경우도 있다. 리오넬 뒤르와는 소설 『떠는 남자』에서 중학생 시절 프랑스어 교사가 자신의 얼굴을 가볍게 어루만져 준 것을 기억한다.

"한 여성이 내 얼굴에 손을 얹더니 미소를 지어 주었던 것이

232 *Ibid.*, p. 44.
233 *Ibid.*, p. 142.
234 *Ibid.*, p. 45-46.

다. 마치 내가 그녀를 기쁘게 하기라도 한 것처럼. 나는 (…) 그녀가 나에게 자리를 내어 주고 "만져준" 것이 얼마나 감사했는지 썼다."[235]

이 사소한 애정 표현은 아이에게 살아 있다는 느낌을 준다. 계속 이사 다니고, 제대로 교육받지도 사랑받지도 못하고, 대가족의 북적임 속에서 제자리를 찾을 수 없었던 아이가 애정 표현을 통해 자리를 하나 얻었던 것이다.[236]

보호의 원, 후광을 그려준 낯선 사람이 돌연 우리를 가시적으로 만들 때도 있다. 그를 통해 비로소 우리는 자신의 모습을 볼 수 있게 된다. 신탁으로 해석될 미래에 대한 한 마디만 있으면 그것을 실현하기 위해 노력할 수 있다. 그것은 정복해야 할 세계의 지평을 드러낸다. 우리의 윤곽을 감싸안는 시선과 마주칠 때, 우리는 더 이상 흐릿하거나 불확실하기를 그칠 수 있다. 실존은 불확정 상태에서 벗어나며, 지금껏 흐릿하던 존재는 더욱 선명해지고 확실한 형태를 띤다. 완전한 의미에서 결단력이 우리 안에 떠오르는 것이다. 갓난아기가 자신을 안아 주는 부모의 팔 덕분에 자의식을 갖게 되는 것처럼, 우리 존재가 구체화되고 실존이 밀도와 현존을 얻게 되는 것도 타인의 손길, 타인의 시선을 통해서다. 그러한 팔이 없을 때, 가까운 사람들에게서 애정과 관심을 기대할 수 없을 때, 의지할 수 있는 지지대를 선사하는 낯선 이가 나타나 우리로 하여금

---

[235] Lionel Duroy, *L'homme qui tremble*, Mialet-Barrault, 2021, p. 66.
[236] 비슷한 상황을 겪던 그의 형이 작가가 되기를 꿈꾸었다는 사실도 시사하는 바가 크다. *cf. Ibid.*, p. 28 : "그는 자신의 첫 소설의 주제가 무엇이 될지 이미 알고 있었다. 그것은 모든 이가 제자리가 어디인지 정확히 알고 있는 세상에서 갈 곳 없는 무국적자의 방황이었다."

부유하는 실존에서 벗어나 자신에게 다가설 수 있게 해 주는 것이다. 머리에 얹은 손, 짧은 한 마디 말은 내면의 불을 지피는 불쏘시개가 된다.

유령들

"나는 낮과 밤을 나누기를 거부한다."
— J.-B. 퐁탈리스, 『시작을 향한 사랑』

타인이나 자기 자신의 결핍과 부재는 그 자체로 하나의 자리를 차지하는 것이기에 숨길 수 없다. 사라진 사람은 계속해서 현존한다. J.-B. 퐁탈리스의 말처럼 사라진 사람은 "들리지 않고 보이지 않게 되었을 뿐이다."[237] 세계가 무너져 내리면 지나간 실존의 자취들이 우리 삶의 표면으로 떠오른다. 어쩌면 우리는 더 이상 존재하지 않는 것의 흔적을 보존해야만 하는지도 모른다. 우리 삶 속에 있는 유령의 은밀한 흔적을 지우지 말고, 균열을 메우지 않은 채 틈새와 공백을 남겨 둬야 한다. 델핀 오르빌뢰르라는 랍비는 "우리의 삶에 무력감의 흔적을 남길 수 있어야 하고, 결핍이 자리를 차지하는 장소에 거주할 수 있어야 한다. 더 이상 존재하지 않는 것의 흔적을 인정해야 한다"[238]라고 제안한다. 우리는 유령들에게도 환대를 베풀어 자리를 하나 마련해 줄 수 있어야 한다.

유령은 무엇인가? 유령은 부재함에도 불구하고, 혹은 바로 그 부재 때문에 너무 많은 자리를 차지하는 존재이다. 그들은 우리의 낮과 밤의 틈새에서 우글거리고, 생각의 한가운데로 몰래 침입하

---

[237] J.-B. Pontalis, *L'amour des commencements*, op.cit., p. 189: "그 시절 나는 아버지를 지우기를 거부했고, 들리지 않고 보이지 않게 되었을 뿐인 것을 무시해도 될 별것 아닌 것, 추상적인 것으로 간주하길 거부했다."

[238] Delphine Horvilleur, *Vivre avec nos morts*, Grasset, 2021, p. 219. 델핀, 오르빌레르, 『당신이 살았던 날들』, 김두리 옮김, 북하우스, 2022.

며, 놀랍게도 우리의 몸짓과 표현 안에서 발견된다. 왜냐하면 유령은 다름 아닌 우리의 몸에 깃들기 때문이다. 유령이 내게서 떠나지 않는다면, 그것은 유령이 내 안에 있기 때문이다. 우리가 누군가와 감당할 수 있을 만큼 적정한 거리를 유지하는 데 실패할 때 그는 유령이 된다. 유령은 나의 삶에서 사라지고, 끝내 멀어지고, 다리를 끊고 떠나고, 죽었음에도 여전히 나의 심리적 삶에서 고통스러울 만큼 강렬하게, 너무도 강렬하게 현전하는 사람에 대한 생생한 기억이다. 그가 나의 실제 삶에 남겨둔 흔적이 아주 적음에도 나는 그에 대한 생각을 멈출 수 없고, 나로부터 떼어낼 수도 없다. 유령은 현실에 의해 저지되지도 모순되지도 않기 때문에 더 끈질기게 현전한다. 유령은 도처에 출현한다. 나는 그것을 결코 떨쳐낼 수 없다. 유령은 대화 중에도, 꿈속에서도 불쑥 나타나며, 그는 절대적인 현전으로 나의 즉각적인 개입을, 독점적인 관심을 요구한다. 우리는 그가 사라져 주기를 원하고, 내게서 군림하기를 이제 멈춰 주길 원한다. 그러면서도 우리는 길모퉁이에서 그를 본 것만 같고, 그가 손을 흔들어 나를 불러 주기를 바란다. 그를 생각하는 것 외에는 할 수 있는 것이 없기에 우리는 끊임없이 그를 생각한다. 우리는 더 이상 그를 볼 수도, 말을 걸 수도, 입맞출 수도 없다. 이처럼 유령은 존재를 향한 요구와 현전의 불가능성이라는 불일치, 현실의 불연속성과 연결의 끈을 유지하고자 하는 우리의 필요 사이에서 생긴다. 그의 부재를 직면한 우리 의식은 어떻게든 그가 우리 안에 살아 있게 하려 한다. 이렇게까지 유령에 집착하는 이유는 무엇인가? 유령은 우리 삶에서 어떤 역할을 수행하는가?

우리는 아직도 사랑하는 사람에 대한 추억에 시달리고, 오로지 그 생각만 하고, 그의 존재 방식과 사고방식에서 벗어나지 못하고, 침묵 속에서 그와의 대화를 이어 나가고, 비밀스러운 교류를 유지하며 그의 의견과 조언을 구한다. 그러나 더 괴로운 것은 가족의 비극이나 역사적 비극이 낳은 폭력으로 인해 너무 일찍 사라져 버린 유령으로부터 고통을 물려받아 시들리는 일이다. 카미유 드 톨레도는 형제의 자살 이후 육체적 고통에 사로잡히는 화자가 등장하는 소설 『테세우스, 그의 새로운 삶』에서 우리의 몸을 동요시키고 학대하는 음 소거된 삶, 우리를 송두리째 점유하는 기억의 삶에 대해 이야기한다. 비극이 낳은 유령들, 과거의 기억에서 솟아난 유령의 군대는 우리를 뿌리째 흔들어 놓는다. 화자는 "무너진 가족을 지탱하는 도미노 패가 되"[239]려고 애쓴다. 그는 "시간의 창문을 다시 열지 말라"는 엄명을 듣지만, 기억은 이미 홍수가 되어 넘쳐흐른다. 그의 어머니는 다가올 재앙을 알지 못한 채 자기도 모르는 사이 시간의 틈새를 열어젖혔던 것이다. 화자는 그녀에게 내면의 목소리로 다음과 같이 말한다.

"엄마는 엄마도 모르는 사이에 그 길을 열어젖혔어. 유령들이 뒤얽힌 채 우글대고 비밀들이 스며 나오는 그 길을 지금 내가 걷고 있어. 사람들은 대개 하나의 평면 위에서 살아 나간다고 하지. 신문을 읽고, 잠들고, 일하고, 휴가를 떠나고……. 하지만 몸을 휩쓸어 버리는 물결 속에서 이루어지는 두 번째 평면이 있어. 엄마, 엄마는 그걸 파고들었던 거야. 앞이 보이지 않는 사람처럼 절실

---

[239] Camille de Toledo, *Thésée, sa vie nouvelle*, Verdier, 2020, p.102. 이어지는 구절들은 같은 페이지에서 발췌했다.

하게."

　사라진 자들이 살아 있는 자들보다 더 큰 자리를 차지하는 유령 이야기들은 상실의 불가능성을 드러내 보여 준다. 그렇다면 경험조차 해 본 적 없는 것을 상실한다는 것은 어떻게 받아들일 수 있을까? 현전해 본 적 없는 것이 어떻게 부재할 수 있는가? 철학자 뱅상 들라크루아는 자신의 저서 『상실하는 법을 배우다』에서 "존재한 적 없는 것이 결여된 존재, 혹은 존재와 비존재 **사이**의 역설적인 위치"[240]를 상기시킨다. 그는 다음과 같이 설명한다. "우리를 아프게 하는 것은 부재가 아니다. 우리를 아프게 하는 것은 상실하여 존재하지 않지만 그렇다고 완벽하게 상실하지는 못한 것의 끈덕진 현전이다. 부재는 고통을 유발한다. 부재의 현전은 우리에게 강박적으로 들러붙으며, 의식에는 떠오르지 않지만 항상 거기에 있다." 이러한 상실의 역설은 유령의 실존을 설명해 준다. "결여된 것은 과잉으로 존재한다."[241] 유령은 부모의 부재처럼 삶의 중심을 차지하는 결핍으로부터 퍼져 나오는 신체다. 유년의 유령, 또는 상상 속 삶의 유령은 부재하는 존재의 형상과 더불어 주체에게 들러붙는다.

　우리는 사라진 본인보다도 더 생생하게 곁에 있는 유령이 초래하는 혼란에 대해서도 말해야 한다. 나에게 유령은 항상 현전하는 것이며, 나는 유령이 들러붙은 비밀스러운 삶을 나의 일상적인 삶과 나란히 유지한다. 그리하여 유령은 결국 본체였던 사람을 대체하고, 때로는 그를 지워 버리는 데까지 이른다.

240　Vincent Delecroix, *Apprendre à perdre*, Payot et Rivages, 2019, p. 254-55.
241　*Ibid.*, p. 253.

우리 자신이 유령을 버리지 못한 것일까, 아니면 유령이 우리 삶에 침입해 들어오는 것일까? 어쩌면 우리는 이 초라한 삶에 그들이 생기를 불어넣어 주기를 기대하는지도 모른다. 하나의 건축술로서 유령을 필요로 하는지도 모른다. 유령은 그 덧없음에도 불구하고 우리를 지탱해 주는 존재일 수 있다. 우리는 유령들이 우리를 인도하고, 버티거나 결단을 내리고 떠나도록 도움을 줄 것이라 믿으며 의지하는 것이다.

아니면 우리는 유령을 통해 비로소 어떤 화해에 도달하는 것일까? 어떤 분노와 슬픔이 남아 있기에 유령에 실체를 부여하는 것일까? 우리는 실제로는 결코 꺼내지 못했던 말들을 유령에게 털어놓는다. 우리는 너무 일찍 중단되어 버린 대화를 계속해 나가고, 사과를 하거나 사과를 기대하며, 용서와 위로를 구한다. 유령은 두렵게 하기도 하지만 안심시키도 한다. 유령은 현실이 허용하는 것보다 더 친숙한, 놀랍도록 가까운 자신의 존재를 통해 우리를 불안하게 한다.[242] 유령은 프로이트가 제안한 독일어 단어 "**운하임리히 Unheimlich**" — 문자 그대로 이해하면 친숙하지 않은 것, "**집Heim**"에 속하지 않는 것을 의미한다 — 가 의미하는 이러한 불가능한 장소에 거주한다. 유령의 자리는 내 안에 있는 나의 집이라고 할 수 없지만, 그럼에도 그들은 내 의사와 상관없이 내 곁에서 친숙함의 중

---

[242] Sigmund Freud, *L'Inquiétante étrangeté et autres textes. Das Unheimliche und andere Texte*, trad. de l'allemand par F. Cambon, Gallimard, Folio bilingue, 2001, p.51 : "**하임리히**는 그 의미가 양면성을 향해 나아가는 단어이며, 그리하여 결국에는 그 반대 항인 **운하임리히**와 일치하게 되는 것이다. **운하임리히**는 **하임리히**의 일종이다." 지크문트 프로이트, 『예술, 문학, 정신분석』, 정장진 옮김, 열린책들, 1997

심에 존재한다. 유령은 그림자의 친숙함이며, 비밀스러운 친밀함이다. 프로이트가 셸링을 인용하며 말하듯 말이다. "비밀로 남아 있어야 할 것이 그림자 밖으로 나올 때 그것은 운하임리히 unheimlich할 것이다."[243] 그것은 "낯선 친숙함"[244]이다.

유령은 우리 안에 있는 타자가 아니다. 그것은 우리 자신에게 숨겨져 있는 은밀한 친숙함이며, 결국 우리 자신의 일부임을 깨닫게 되는 낯섦이다. 이는 J.-B. 퐁탈리스가 "그림자 횡단"이라고 부르는 긴장을 설명해 준다. 우리가 멀리 있는 자아, 파묻혀 있는 자아, 아무 말도 할 수 없는 유년기의 아이에게 말을 건네는 것도 바로 이 때문이다. "우리는 유령들과 마주치고, 그들을 해산시키고, 죽은 자들과 대화를 나누고, 벙어리에게 말을 건네야 한다. 우리가 아직도 머물러 있는 유년기에서 시작하여 그림자들을 횡단해 내야만 우리를 끈덕지게 붙드는 정체성을 마침내 찾을 수 있을 것이다. 그것이 흔들리는 정체성이라 하더라도 말이다."[245]

우리가 오래된 현존, 수수께끼와도 같은 침묵과 속삭임 속에서 근심해야 한다면, 그것은 그것이 유발하는 불균형, 내밀한 동요가 우리가 어떤 사람이 되어야 하는지 말해 주기 때문이다. 그것은 필수적이면서도 불가능한 것, 바로 자신에 대한 충실함의 질서에 대해 말해 주며, 우리를 하나의 존재로 묶어 주는 만큼이나 불안정하게 하는 기억의 질서에 대해 말해 준다.

---

243 *Ibid.*
244 *Cf.* Olivier Mannoni, http://publicdictionnaire.huma-num.fr/notice/unheimlich/.
245 J.-B. Pontalis, *La traversée des ombres, op.cit.*, p. 582.

실향민들

"하늘과 땅은 제자리를 지켰지만, 나는 끝내 내 자리를 되찾지 못했다."
— 앙리 미쇼, 『부러진 팔』

나는 우연히 있게 된 곳 어디에서건 내 자리를 만들 수 있을까? 전쟁, 박해, 기근이 나를 위협할 때, 암울한 전망으로 미래가 불투명하여 조국과 가족으로부터 멀리 떠나야 할 때, 재난은 내 의사와는 상관없이 나를 쫓아내고 망명을 강요한다. 그런 상황에서 내가 잃어버린 자리와 가족, 모국어에 대한 향수에 사로잡히지 않을 수 있을까? 데리다가 말하듯 실향민들에게는 이중의 자리, 즉 정서적 공동체와 모국어라는 상징적 고향이 모두 결여되어 있다.[246] 망명자들과 실향민들은 역사의 부침에 의해 공동체로부터 난폭하게 내쫓긴 사람들이다. "내 집"에 있다는 것은 몸짓과 생각이 제 집처럼 편안하여 안정감과 친숙함을 느낄 수 있다는 것이고, 유대의 끈이 살아 있는 곳에서 의도를 왜곡하거나 배반하는 법 없이 말을 전달할 수 있다는 것이다.

우리가 자신을 이방인이라 느낄 때는 항상 어딘가 어긋날 때, 괴리가 생기고, 느리고 경직된 반응을 하고, 매끄럽게 교류하거나

---

[246] Jacques Derrida, *Anne Dufourmantelle invite Jacques Derrida à répondre: De l'hospitalité*, Calmann-Lévy, 1997, p. 81 : ""실향민들", 망명자들, 유형수들, 추방된 자들, 뿌리 뽑힌 자들, 유목민들은 공통으로 두 개의 탄식, 두 개의 향수를 지니고 산다. 바로 그들 자신의 죽음과 그들의 언어를." 자크 데리다, 『환대에 대하여』, 이보경 옮김, 필로소픽, 2023.

자연스레 움직이지 못할 때다. 그럴 때 우리에게는 제시간에 맞춰 움직이고, 대화의 암묵적 의미를 적절하게 이해하고, 다가올 움직임을 예측하고, 하나의 참조점에서 다른 참조점으로 원활하게 이동할 수 있도록 하는 태곳적부터 알려진 "사회적 문법"이 결여되어 있다. 『이방인』의 저자이자 오스트리아 출신의 미국 사회학자 알프레드 슈츠에 따르면, 이방인들에게는 사회적 코드, 사고의 습관, 세상을 표현하는 특정 방식이 결여되어 있어 지체 없이 대화에 참여하거나 사회적 영역에 적응하기 어렵다. 특히 다수의 사회적 영역은 그 안에서 통용되는 실질적 의미, 암묵적 규칙, 암호화된 쟁점에 익숙하지 않은 이들에게는 종종 "통행 불가능"하다. 선주민에게는 "자연스럽고" "명백한" 것이, 이방인에게는 자신을 "문제적인" 존재로 만들지 않기 위해 끊임없이 "풀고" "조사"해야 하는 것이 된다. 단순한 일상이 그 자체로 피곤한 모험, 다이달로스[247]의 시련이 되는 것이다. 의미에 직접 접근할 수 없는 이방인에게 현실은 "방향감각을 모두 상실한 채 헤매는 미로"[248]다. 새로운 문화적 도식에 적응하고 그 누구도 알려 주지 않는 좌표를 찾아내기 위해서는 막대한 노력이 필요하다.

그러나 슈츠가 두 번째 저서 『귀향자』에서 분석하듯, 고국 역시 오랜 세월이 지난 후 돌아왔을 때는 낯설다는 느낌을 줄 수 있다. 몇 년간의 전쟁이나 망명 생활을 마치고 집으로 돌아온 사람은

[247] 그리스신화에 등장하는 건축가로 질투심으로 인해 아테나신에게 여러 나라를 고생하며 헤매고 다니는 벌을 받는다. 크레타섬의 미노타우로스의 미로를 만든 것이 다이달로스다. — 옮긴이.

[248] Alfred Schütz, *L'étranger, L'homme qui revient qu pays*, Allia, 2003, traduction Bruce Bégout, p. 38.

그곳에서 결코 "내 집"을 발견할 수 없다. 진정한 의미에서 귀환은 불가능하다. 독일 출신의 철학자 귄터 안데르스가 『망명과 귀환의 일기』에서 잘 설명했듯 귀환은 "언제나 공간의 한 지점으로 돌아오는 것인 동시에 (오래전에 이미 존재하지 않게 된) 시간의 한 지점으로 돌아오는 것"[249]이기도 하기 때문이다. 그런 의미에서 귀환은 이중으로 심화된 구세계의 상실 및 소멸의 경험이 된다. 그간의 경험으로 변모된 망명자의 타자성과 고국에 남아 있는 자들의 타자성은 이중의 타자성을 이루어 찢김 없는 회복을 불가능하게 만든다.

이중으로 의미심장한 제목을 지닌 『방향을 잃은 자들Les désorientés』 — 동양Orient을 상실한 동시에 실존의 방향 설정 orientation마저 상실한 사람들 — 에서 레바논의 소설가 아민 말루프는 죽어 가는 어린 시절의 친구 무라드의 요청으로 25년 전에 떠난 동양의 땅으로 돌아오는 저명한 역사학자 아담이 느끼는 모순적인 감정들에 대해 기술한다. 아담이 이 익명의 나라로부터 멀리 떠나 망명했다면, 그것은 그의 기대를 배반한 이 나라가 자신에게는 이미 소멸한 것과 마찬가지기 때문이다. 아담이 무라드에게 말하듯 이 나라는 "그 자신보다도 훨씬 멀리 가버렸다."[250] 그리움의 대상이 되는 나라는 우리에게 미래를 열어 줬던 나라로, 그 나라가 사라졌을 때 모든 전망과 계획도 함께 파괴되었다. 유년 세계를 상실하는 것은 어느 정도 불가피한 일이지만, 유년기가 우리에게 약속했던 세계를 전부 상실하는 것은 하나의 배반으로 경험

---

249 Günther Anders, *Journaux de l'exil et du retour*, Fage éditions, 2012.
250 Amin Maalouf, *Les désorientés*, Le Livre de poche, 2021, p. 69.

된다.

"어제의 세계가 희미해지는 것은 당연한 일이다. 우리가 과거에 향수를 느끼는 것 역시 순리다. 우리는 과거의 소멸은 어렵지 않게 위로할 수 있다. 우리가 극복할 수 없는 것은 미래의 소멸이다. 내가 그 부재로 인해 슬퍼하고 집착하는 나라는 어린 시절의 내가 알던 나라가 아니다. 그것은 내가 꿈꾸어 왔지만 결코 빛을 보지 못한 나라다."[251]

그 세계에서는 아민 말루프가 제사에서 인용하는 철학자 시몬 베유가 말한 의미대로의 뿌리내림이 가능하지 않다. 과거에 대한 생생한 기억과 미래에 대한 역동적인 직관으로 주체를 자극하여 집단의 삶에 적극적으로 참여할 수 있게 하는 이중의 닻이 존재하지 않기 때문이다. 나라에 필요한 것은 뿌리내림을 향한 우리의 요구에 부응하는 일로, 그것만이 살아 있는 유산에서 자원을 길어 내고 내일의 개방성에 닻을 내리게 할 수 있다.

"어쩌면 뿌리내림은 가장 중요하면서도 제대로 이해되지 못하는 인간 영혼의 욕구일 것이다. 그것은 가장 정의 내리기 어려운 욕구이기도 하다. 인간 존재는 과거의 소중한 유산과 미래에 대한 예감을 살아 있게 해주는 공동체의 실존에 현실적이고 능동적으로 자연스럽게 참여함으로써 하나의 뿌리를 갖게 된다."[252]

이 지평이 어두워지면 우리는 아담처럼 새로운 세계와 자리를 찾아 다른 곳으로 떠난다. 물론 고국으로 돌아온 아담은 달콤한

---

251 *Ibid.*

252 Simone Weil, *L'enracinement*, Gallimard, Quarto, 1999, p. 1052. 시몬 베유, 『뿌리내림』, 이세진 옮김, 이제이북스, 2013.

추억을 떠올리기도 한다. 그는 익숙한 향기와 음악, 억양을 되찾고, "고향 땅에서 느낄 수 있는 육신의 기쁨을 되찾는다."[253] 하지만 이제 그곳에 그의 자리는 없다. "점점 더 어두워져만 가는 이 근동의 우주에는 더 이상 나의 자리가 없었고, 나 역시 그것을 만들고자 하지 않았다."[254] 그가 자신의 자리를 찾은 곳은 다른 곳이었으며, 그곳에서 그는 상징적으로 의미심장하게도 존경받는 역사가가 되었다. 아담이 과거로 향했던 이유는 잃어버린 미래에 대한 향수 때문이다. 그는 고국의 땅과 과거의 자신으로부터 이중으로 너무 멀어져 버렸기에 그곳에 뿌리를 내릴 수 없었다. 망명은 그를 결정적으로 뿌리 뽑아 버린 것이다.

결코 자리를 되찾지 못하는 사람들도 있다. 그들은 언제까지나 실향민으로 남을 것이다. 귄터 안데르스는 미국으로의 망명과 전후 유럽으로의 귀환을 그린 『일기』에서 자리를 갖지 못한 이주민들의 방황을 묘사하며 그들을 이민자와 구별한다. 이민자는 그 과정이 불편할 수는 있지만 끝내 자리를 찾아낸다. 또한 이민자의 이동은 심리적으로는 아니어도 최소한 지리적으로는 끝을 맺는다. 그러나 이주민의 경우 그는 출신국은 물론이고 자신을 기다리는 이 하나 없는 타국에서도 제자리를 찾지 못한다. 역사의 부침이 그를 좌초시킨 곳에 그를 위한 자리는 없으며, 앞으로도 없을 것이다. 이주민들은 원치 않는 존재다. 그들은 보이지 않는 존재와 다름없다.

"우리는 우연이 데려다 준 그곳의 우리를 공기 취급하는 수백

---

253 Amin Maalouf, *Les désorientés, op.cit.*, p. 70.
254 *Ibid.*

만 명의 사람들 사이에서 방황했고, 그리하여 끝내 **공기가 되었다.** (…) 다른 사람들에게는 전달되는 세상의 소리와 외침이 나에게는 전달되지 않았다. 한마디로 나는 **더 이상 거기 존재하지 않았다.**"[255]

그들은 더 이상 거의 존재하지 않게 된 여분의 존재, "잉여"[256]의 존재가 된다. 안데르스는 그들을 사로잡는 지워짐과 사라짐의 느낌을 설명하기 위해 "실존의 상실"[257]에 대해 이야기한다. 자신의 의지와는 상관없이 실향민은 무토양의 존재처럼 세계의 현실과 다른 인간들이 이루는 흐름, 모든 참여로부터 동떨어져 있다.

"반대파의 삶을 살며 물살을 거슬러 헤엄치는 것은 물론 어려운 일이다. 그러나 물살을 따르지도 거스르지도 않으면서 홀로 있는 것(…), 그것을 할 수 있는 이는 그 누구도 없다."[258]

또한 이주민은 말의 의미를 상실하고, 다른 언어를 진정으로 습득하지 못한 채 자신의 언어마저 상실한다. 안데르스가 말하듯 그는 두 언어 모두에서 말을 더듬는다.[259] 발화는 더 이상 유창하지 않으며, 흠집 난 레코드판이 거슬리는 소리를 내고 같은 구간을 맴돌듯 가로막힌다. 모국어를 상실한다는 것은 최종적 실추로 경험된다. 안데르스가 말하듯 언어는 "그들이 **내 집**에서 여전히 이용할 수 있는 유일한 부분"이었기 때문이다. 모국어를 망각한다는 것은 최후의 자리, 내적 자리를 단념하고 "더듬거리는 실존의 굴욕"[260]

255 Günther Anders, *Journaux de l'exil et du retour*, op.cit., p. 84.
256 *Ibid.*, p. 85: "어떤 사람도 단순히 "잉여"로 계속 존재하는 것을 견딜 수 없다."
257 *Ibid.*, p. 84.
258 *Ibid.*, p. 97.
259 *Ibid.*, p. 106.
260 *Ibid.*, p. 107.

에 빠지는 것이다. 모국어를 잃는 것은 가장 깊은 곳에 자리한 내 집을 잃는 게 아닐까? 언어를 잃은 이에게 다른 무엇이 남아 있을 수 있을까? 데리다는 다음과 같이 질문한다.

"그것은 결코 떠날 수 없는 **내 집**을 의미하는 것 아니겠는가? 우리 몸과 가장 가까운 (…) 고유성 또는 적확성은 결코 양도할 수 없는 장소를 만들어 준다(…). 그것은 우리를 감싸는 일종의 제2의 피부, 움직이는 내 집이 아니겠는가? 그러나 그것은 우리와 늘 함께 이동하기 때문에 분리할 수 없는 것이기도 하다."[261]

그러나 안데르스의 이주민에게는 더 이상 집이 없다. 그는 모든 좌표와 닻을 박탈당한 존재다. 그는 무토양의 존재, 언어 바깥의 존재, 시간 바깥의 존재. 그는 현실에 기입되고 시간 속에 닻을 내리는 법을 모두 상실한 것처럼 보인다. "미래"는 "그의 뒤편에" 있고, 세계는 사라진다. 안데르스는 "세계가 이전보다도 훨씬 더 근본적으로 부재하는 것을 감당해 낼 용기"를 누가 가질 수 있겠냐고 묻는다.

전후에 쓰인 안데르스의 이 텍스트는 놀랍게도 오늘날에도 여전히 유효해 보인다. 최근에 출간된 『브루탈리즘』이라는 에세이에서 아쉴 음벰베는 망명의 경험에는 사라짐의 위험이 수반됨을 상기시킨다.

"떠난다는 것은 물론 움직이는 것, 어떤 장소로부터 벗어나고, 멀어지고, 거리와 부재를 경험한다는 것이다. 동시에 떠난다는 행위에는 물리적·가시적·즉각적·신체적 현존의 중단과 관련된 무언가가 있다. 떠난다는 것은 사라지고 지워질 위험을 감수한다는

[261] Jacques Derrida·Anne Pufourmantelle, *De l'hospitalité, op.cit.*, p. 83.

것이다."²⁶²

누군가는 바닷속으로 삼켜지고, 사막에 버려지고, 수용소에 끌려간다. 그러나 그들을 보고 싶어 하지 않는 군중 한가운데서 사라지는 사람들도 있다. 이 남자들과 여자들, 아이들이 겪어낸 개인적 재앙의 규모가 어떠하든, 그들이 겪은 공포에 조금도 영향받지 않은 채 제자리를 지키는 무관심한 세상의 모습이야말로 가장 잔인한 아이러니이리라. 세계는 끄떡없는 안정성으로 그들의 고통을 모욕한다. 이처럼 동요 없이 제자리를 지키는 세상보다는 그들의 내적 혼란과 조응하는 폐허가 차라리 나을 것이다. 실제로 안데르스는 1953년 6월 19일 다음과 같은 기묘한 기록을 남긴다.

"이상한 말처럼 들리겠지만, 오늘날 나를 혼란스럽고 두렵게 하는 것은 사라진 것이 아니라 변하지 않은 것, 파괴되지 않고 제자리에 남아 있는 것들이다."²⁶³

---

262 Achille Mbembe, *Brutalisme*, La Découverte, 2020, p. 182.
263 Günther Anders, *Journaux de l'exil et du retour*, op.cit., p. 263.

잘못된 장소에
있다는 것

　인생의 어떤 순간에 우리는 잘못된 자리, 무대가 잘 보이지 않는 객석처럼 불편한 자리에 있게 되기도 한다. 마지못해 받아들이는 자리는 우리의 품위를 떨어뜨리는 굴욕으로 느껴진다. 귄터 안데르스는 미국 망명 시기, 생계를 위해 대학에서의 공부와는 거리가 먼 여러 직업을 전전해야 했다. 물류센터 직원이나 영화의 소품 담당 같은 일을 하면서 그는 시대 상황이 달랐다면 자신이 차지할 수도 있었을 학계에서의 자리와는 너무나도 다른 그 직업들이 무엇을 의미하는지 고민했다. 어느 이름 모를 이의 독백이 그에게 그토록 호소력 있게 다가왔던 것은 이처럼 괴리를 겪는 자신의 상황 때문이었다. 자신 안에서 무언가 공명하는 것을 느꼈다고 추측해도 좋을 만큼 안데르스는 꽤 긴 분량을 할애하여 그의 말을 충실히 기록한다. 어쨌건 그 말은 인생의 시련으로 인해 자신이 갈망하던 "장소들"로부터 멀리 떨어지게 된 이들, 자신의 운명이라 믿었던 자리들을 잃고 애도하는 이들에게 공감을 불러일으킨다. 나를 격하시켜 낙오자가 되게 하는 이 잘못된 자리들에서 나는 나를 위해 마련된 자리가 있다는 환상이 얼마나 허황된 것인지 깨닫는다.

　이름 모를 이는 말한다. 어떤 자리가 우리에게 꼭 맞다면, 우리는 거기서 아무것도 배울 수 없을 거라고.

　"올바른 아내를 선택하는 남자는 새로운 경험을 할 기회를 잃게 된다. 직업을 "찾은" 사람은 그 안에 자신을 가둘 뿐이다. 자신을 위해 특별히 설계된 건반으로만 연주하는 사람은 제 손가락으

로 아무것도 배우지 못한다."²⁶⁴

"경험expérience"이라는 단어는 시도하고 시험한다는 의미의 라틴어 'experiri'에서 유래했다. 모든 경험은 어원학적으로 자신을 위험에 빠뜨리는 것과 관련이 있으며, 따라서 어느 정도 위험부담을 수반하는 여정이라 할 수 있다. 잃어버린 퍼즐 조각처럼 완벽하게 현실에 편입된다는 것은 경험을 만들어 나가는 것이 아니라 경험을 회피하는 것이다. 자신을 시험하는 것이 아니라 현실의 구멍 속에 숨어 버리는 것이다. 이름 모를 이의 독백에 따르면, 우리가 "성취"해 낸 것이라 생각하는 이 "형편에 맞춘" 삶은 그로부터 아무것도 배울 수 없는 "거짓" 삶에 지나지 않는다.²⁶⁵ 이것이 바로 "행복의 재앙"이다.

"참된 경험은 **일치**adœquatio²⁶⁶(**사물**res과 **지성**intellectus의 일치든 (…) 위안을 주는 세계와 사람의 일치든)가 아니라, **불일치**adœquatio, **충돌**collisio의 기반 위에서만 적절하게 실현되며, 그 안에서 낯선 것이 자신의 낯섦을 통해 드러내는 힘과 현실은 우리에게 철저히 부적합한 것이다."²⁶⁷

264 Günther Anders, *Journaux de l'exil et du retour*, op.cit., p. 25.
265 *Ibid*. p. 26 : "당신은 항상 성취 외에는 아무것도 추구하지 않았다. 그리고 이따금 당신은 우연히 성공을 거머쥐는 불운을 겪기도 했다. 그 여자에게서. 그 친구에게서. 그 물건에서. 그 직업에서. 어쩌다 당신을 위해, 오로지 당신만을 위해 맞춤 제작된 것 같았던 세계에서. 그러나 (…) 나는 그러한 사건들이 당신의 인생에서 가장 잘못된 부분이라고 말할 것이다. 그러한 시기와 번갈아 가며 찾아왔던 궁핍의 시기만이 옳다고 말할 것이다. 사건으로 가득한 세월. 당신이 저주했던 직업들. 만일 당신이 어느 정도 경험을 쌓을 수 있었다면, 그것은 오로지 당신이 시간을 허비했다고들 하는 그 시기에 빚진 것이다."
266 토마스 아퀴나스의 유명한 명제, "진리는 사물과 지성의 일치다Veritas est adaequatio rei et intellectus"를 의식한 문장이다. —옮긴이.
267 *Ibid*., p. 104, note 7.

우리는 모든 것이 우리와 잘 맞는 세계라는 환상에 분별 있게 머물 때보다 냉담하고 척박한 자리에 있을 때 실존에 대해 더 많은 것을 배운다. 보다 메마르고 거칠고 가혹한 현실에 대한 또 다른 실험은 우리에게 경험의 다양성을 열어 준다.

"경험을 통해 시도하는 것이 우리에게 적합하지 않을 때, 경험은 그만큼 더 현실적이 된다. (…) 장갑처럼 딱 맞거나 우리 몸에 맞춤 제작된 사물과 환경은 우리가 세상에 부딪힐 기회, 즉 경험할 기회를 박탈한다. 맞춤 제작된 신발은 뿌리와 자갈에 걸려 넘어질 경험을 박탈함으로써 우리의 발을 기만한다."[268]

우리는 어쩌다 타인의 자리에 배치될 때 타인에 대해 더 많은 것을 배우고 이해하게 된다. 비자발적인 자리 옮김으로 타인의 입장이 되어 봄으로써 in their shoes 우리의 두 눈은 더 밝아지고, 세상을 보는 시야 역시 넓어진다.

우리 자신의 숨겨진 면모를 깨닫고 그로부터 과녁을 정확히 조준할 방법을 찾아내는 것은 실패와 불발의 경험을 통해서인지도 모른다. 철학자 카미유 리키에가 정확하게 지적했듯, "사람의 결점을 숨기는 것은 옳은 일이 아니다. 우리는 그로부터 결점을 극복하는 데 도움이 되는 자원을 발견할 수 있기 때문이다. 우리가 자신의 결점을 기꺼이 인정한다면, 우리는 우리가 넘어진 바로 그 자리에서 다시 일어설 힘을 얻게 되기도 한다."[269] 마찬가지로 우리가 "지나가며" 한 말, 불쑥 튀어나온 말이 은밀하게 우리의 가장 강력한 의도를 요약하기도 한다.[270]

268 *Ibid.*

우리가 늘 두려워해 왔던 자리가 가장 가치 있는 자리라면 어떨까? 우리의 실존을 근본적으로 결정하는 자리, 실존이 진정으로 시작되거나 다시 시작되는 자리가 바로 우리가 추락한 그 장소라면? 이 장소는 우리 삶의 일부가 무너지고 모든 것이 드러나는 곳, 모든 가장이 사라지는 곳이다. 이 폐허 위에서 자신의 가장 진실한 목소리를 들을 수 있지 않을까?

---

269 Camille Riquier, *Nous ne savons plus croire*, Desclée de Brouwer, 2020, p. 81.
270 *Ibid.*, p. 81: "우리가 한 사람의 행동을 충분히 이해하는 것은 그의 은밀한 의도를 알게 될 때만 가능하다. 그러한 깊은 의도는 대개 지나치듯 드러내는 법이다."

어쩌다
있게 된 곳

"운명은 나를 넘어선다.
사람은 익명적 사건들이 덮쳐올 때
그에 반응할 수 있을 뿐이다."
— 폴 발레리, 『나쁜 생각들』

어쩌면 우리는 결코 제자리에 있을 수 없는 존재인지도 모른다. 우리는 나무도, 산도 아니어서 뿌리도, 육중한 무게도 없기 때문이다. 이따금 애정이나 두려움에 이끌려 닻을 내릴 때도 있지만, 우리는 실존 안에서 부유하는 존재다. 그러나 지평선을 향해 내달리다 보면 지칠 때가 찾아오기 마련이다. 그럴 때 우리는 우리를 따스하게 맞아 주는 곳에 정착하거나, 다른 사람이 된 것 같은 착각을 불러일으키는 장소에 머물러 쉬기도 한다.

만일 결혼, 임무 수행, 작업 활동을 위해 일시적으로 머무는 자리밖에 존재하지 않는다면 어떨까? 우리는 한자리에서 다른 자리로 끊임없이 움직이며 거위 놀이[271]의 나선형 움직임이나 예측 불가하게 그어진 생명선의 줄무늬 안에 머물 것이다. 우리에게는 이동의 에너지와 기쁨, 혹은 이동의 어려움만 남게 될 것이다. 실제로도 우리는 서로의 몸짓과 말, 감정들에 부딪히며 끊임없이 이동하는 존재다. 우리는 마치 광란의 구슬치기 놀이에서처럼 끝없

---

271 윷놀이와 유사한 프랑스의 전통 놀이로 주사위를 던져 나오는 수만큼 말을 움직여 가장 먼저 도착하는 사람이 승리한다. — 옮긴이.

이 서로 충돌하고 알 수 없는 곳으로 튕겨 나간다.

 자리는 진정으로 존재하는 것일까? 아니면 바람과 해류에 실려 여기가 아닌 저쪽 해변에 닿는 일은 오로지 운에 맡겨진 것일까? 내가 어딘가 닿았다면, 그것은 운명선을 따른 필연이라기보다는, 구불구불하고 군데군데 끊긴 마녀의 선을 따르는 우연한 사건들 때문일 것이다. 눈에 보이지 않는 다양한 영향들이 요동치듯 나를 이끌어, 내 자리라고 믿어 왔던 것과 멀리 떨어진 여기까지 데려온 것이다. 나는 다른 곳으로 밀쳐져 내던져진 나 자신을 발견한다. 결정은 내가 하는 게 아니다. 군중이 밀어붙여 내 발걸음을 이끌고, 파도가 쳐서 내 배를 표류케 하며, 무언가 나를 떠밀어 원래의 방향으로부터 먼 곳에 떨어뜨린다. 내가 무엇이 될지 진정으로 결정하는 것은 내가 아니다. 많은 경우 일은 상황에 따라 내 의지와는 상관없이 벌어진다. 나의 직업을 진정으로 결정한 것 또한 내가 아니다. 인생의 변덕스러운 부침이 나를 이끈 것이다. 정신분석학자 자크 라캉이 말하듯 "나는 손으로 밧줄을 잡아야만" 했다.

"우리는 행위가 밀어붙이는 대로, 여기에서 저기로, 어쩌다 보니 자리를 잡게 됩니다. 솔직히 말해 내 운명이 될 거라고는 전혀 생각하지 못했던 상황들이 있었고, 나는 손으로 밧줄을 잡아야만 했습니다. (…) 앞서 말했던 것처럼 위상학적 자리, 본질의 질서 속에 있는 자리들도 있지만, 세계 안에도 자리가 있습니다. 그 자리는 보통 이리저리 떠밀려 다니면서 얻게 되지요. 결국 그것은 희망의 여지를 남깁니다. 약간의 행운이 있다면, 결국 여러분은 반드시 어딘가에서 자리를 차지할 것입니다. 여기까지입니다."[272] 상황에 따라 흘러들어 오게 된 이 자리에 너무 큰 중요성을 부여해서는 안 될지도 모른다. 나는 이처럼 어떤 무질서 속에서 내 자리를 발견하게 된다. 그것은 확고한 의지나 목적, 우주적 질서의 결과라기보다는 다양한 실존의 혼란이 초래한 결과다. 나는 어쩌다 보니 여기 있게 된 것이다.

이것은 무엇을 의미하는가? 나는 내가 향하는 곳이 어디인지 큰 관심을 기울이지 않는다. 깊게 생각한 적도, 진정으로 원한 적도 없지만, 어쩌다 보니 우연히 이곳에 있다. 내가 이곳에 도달할 수 있었던 것은 멋진 장소를 찾고자 하는 노력을 멈추었기 때문이라고 할 수도 있다. 근본적인 진리나 방향이 생각지도 못한 곳에서 의도치 않게 자신을 드러내는 것처럼. 의식하지 않을 때는 근사하게 행동할 수 있지만 신경을 너무 쓰면 오히려 삐걱대는 것처럼. 그렇다면 우리는 무심코, 실수로, 부주의했기 때문에 지금 이곳에 오게 된 것일까? 우리가 관심을 쏟을 곳을 찾았다는 확신은 그러한 무심함이 준 선물일까?

나는 어디든 다른 곳에 자리 잡을 수도 있었을 것이다. 하지만 나는 내가 이곳을 위해 만들어진 존재라고 말하는 편을 더 좋아한다. 반대로 무력하기만 할 거라고 생각했던 곳에서 잘 지내는 나를 발견하고 놀라워할 수도 있다. 원치 않은 상황에서 부모가 되었을 때처럼 말이다. 내가 선택한 것이 아닌 직업에 재미를 붙이게 될 때도 그렇다. 때때로 자리들은 나에게 강요되고, 자발적인 상황에서라면 거부했을 정체성을 부여하기도 하지만, 그럼에도 우리는 그 안에서 제자리를 찾아내고 제자리를 만들어 나간다. 우리가 이

---

272 Jacques Lacan, 「Place, origine et fin de mon enseignement」, *Mon enseignement*, Le seuil, 2005.

새로운 장소를 길들이는 것일까, 아니면 그것이 나 자신도 모르던 욕망을 드러내는 것일까? 우리는 과연 어느 것이 제자리인지 진정으로 알 수 있을까? 어린 시절 장난감을 갖고 놀다가 원통 모양의 장난감이 네모난 구멍에도 들어간다는 것을 알고 놀란 경험이 있을 것이다. 그처럼 우리의 기질에 맞는 자리 역시 단 하나가 아니라 여러 개일 수 있다. 때때로 우리는 완전히 다른 장소에 맞춰 들어가기 위해, 새로운 공간에 자신을 내어놓기 위해, 우리의 삶을 한 바퀴 돌려보기도 해야 하는 것이다.

철새들

"누구나 자기 안에 방을 지닌다."
— 프란츠 카프카, 『일기』

　많은 사람이 자기만의 공간, 나만을 의해 마련된 공간을 부르짖어 왔다. "자기만의 방"을 향한 이러한 꿈은 시간과 활동을 자유롭게 통제할 수 있는 자율성의 문제와 관계된다. 우리는 오로지 자기에게만 속한 공간, 난로 곁의 데카르트나 "서재" 속 몽테뉴처럼 외적 영향과 제약에서 벗어난 공간을 상상하고 꿈꾼다. 그런데 소유는 진정 자신을 재전유하기 위한 필수 조건인 것일까?
　정말로 중요한 것은 자기 **것인** 장소를 갖는 일이 아니라 나만의 장소, 자기 **안의** 장소를 갖는 일이다. 무언가 활기찬 일에 적합한 장소, 의무를 부과하는 모든 것에서 벗어나 자유로이 창조하고 성찰할 수 있는 장소 말이다. 어쩌면 현실의 장소에 지나친 중요성을 부여하는 것은 오판일 테다. 우리가 창조해야 하는 장소는 외적이고 물질적이며 구체적인 것만큼이나 내적이고 심리적인 것이기도 하기 때문이다. 기발한 아이디어를 떠올리기 위해 반드시 좋은 책상, 넓은 작업실이 필요한 것은 아니다. 여러 걸작이 카페 테이블, 눅눅한 다락방, 지하의 구석방에서도 쓰였다. 멀리 갈 것도 없이 공공도서관, 호텔 객실, 열차의 좌석으로도 충분하다. 어쩌면 익숙함에 의해 방해받고 속도가 느려지는 장소보다 잠시 머물렀다 떠나는 이러한 비인격적인 장소가 더 나을지도 모른다.
　"자기 것인 장소"를 옹호하는 의견과는 반대로, 나는 중립적인 장소들이 오히려 우리의 마음을 가볍게 하고 신선하게 환기시켜 준다는 것을 옹호하고 싶다. 공간은 나를 나 자신으로부터 해방시켜야만 하며, 그것은 "내 것인" 장소처럼 모든 것이 구역질 날 만큼 반복적이고 습관적인 공간은 할 수 없는 일이다. 장소는 내가 익숙함에서 벗어나 다른 방식으로 생각하도록 돕고, 나를 살짝 흔들어 "비우며", 내가 자리 잡을 만한 빈 공간을 제공해 줄 수 있어야 한다. 장소는 일시적으로 또 상징적으로 나에게 말끔하게 치워진 자리, 하얀 페이지, 순결한 공간을 내줄 수 있어야 한다. 잠시 머무는 장소, 낯설거나 나와 무관한 장소에서 환경은 나 자신을 망각하도록 도우며, 나를 나 자신으로부터 떼어내 준다. 그 중립성이 내 생각 자체에 영향을 미치지는 않더라도 그것을 보다 유연하게 만들어 주는 것은 사실이다. 우리에게는 또한 "자신으로부터의 휴가"[273]를 즐길 수 있는 "내가 아니어도 되는 장소"가 필요할 수 있다. 우리는 잠시 머무는 장소에 의지해 습관의 무게에서 벗어날 수 있으며, 역사 없는 장소에 의지해 우리 자신의 이야기를 다르게 쓸 수 있다.

페렉은 사망하기 몇 달 전인 1981년 9월에 방송된 한 라디오 인터뷰에서 죽기 전 잊지 않고 해야 할 50가지 일들(그는 그중 36가지를 지킬 것이다)의 목록을 열거한다. "내밀한 욕망의 목록"에는 "파리의 호텔에서 살기"가 포함되어 있다. 수도를 관광하는 놀이를 하는 이유는 무엇일까? 꼭 페렉의 생각을 대변하는 것이 아니더라도, 호텔은 자신의 일부를 거의 가져가지 않은 채 너무 잘 알기 때문에 너무 많은 것들이 기계적으로 생각을 이끌어 가는 곳

---

273 J-B.Pontalis, *En marge des nuits, Œuvres littéraires, op.cit.*, p. 944.

에서 벗어날 수 있는 공간이다. 호텔에서 지내면 매일 아침 빈손으로 처음부터 새로 시작한다는 느낌, 새로운 사람이 되었다는 느낌, 거의 모든 애착에서 초연해졌다는 느낌을 받는다. 호텔에는 역사가 없으므로 여행 가방도 없이 도착한 사람들은 각자 익명성과 가벼움 속에서 자기만의 역사를 다시 쓸 수 있다. 내가 호텔 객실을 좋아하는 것은 이유는 소박하건 사치스럽건 나에게 항상 같은 영향을 미치기 때문이다. 그것은 누구의 소유도 아니다. 벽에 초상화나 인물 사진이 걸려 있지도 않고, 실내장식 외에는 과거를 나타내는 어떤 흔적도 없다. 호텔 방은 사람들이 나로 하여금 믿게 하려는 것보다 항상 더 중립적이고, 개성화하려는 시도에도 불구하고 항상 정체성이 없으며, 누구든 상관없이 수용하기 위해 설계된 공간에 지나지 않는다. 그곳에서 내가 다른 사람이 될 수 있는 이유는, 호텔 방에서는 "그 누구든" 될 수 있기 때문이다. 내가 꿈꾸는 것은 섬이나 오두막이 아니라 이 방에서 저 방으로 옮겨 다니며 매번 새로워지는 유목민의 삶이다. 장소들이 지나치게 친숙해질 때 모든 의무에서 벗어나 사라지는 것, 아무도 모르는 존재가 되어 이방인으로서 사는 것이다. 정체성도 과거도 없는 익명적인 존재가 되기 위해서.

 이와 비슷한 방식으로 우리가 특정 이미지에서 벗어나거나 새로운 이미지를 취하여 자기 자신이 되도록 도와주는 중립적인 장소들이 있다. 허물을 벗는 것과 같은 이러한 경험은 아무 곳에서나 일어나지 않는다. 물리적이거나 심리적인 장소가 그 같은 경험을 가능하게 하기 위해서는 그것이 펼쳐질 수 있는 공간이 제공되어야 한다. 이는 익숙한 장소가 어떠한 틈새를 통해 새로운 각도에서 드러날 때도 일어나는데, 가벼운 방향감각의 상실이 새로운 시각을 열어 주기 때문이다. 새벽에 보는 익숙했던 도시의 한산한 풍경, **일찍 일어난 새**와 올빼미가 느끼는 기쁨, 한겨울에 바라보는 해변의 풍경처럼 말이다. 페렉은 공간의 가능성을 남김없이 맛보고자 했던 것이다.[274] 페렉이 그랬던 것처럼 우리 역시 익숙치 않은 것을 경험함으로써 변화된 관점으로 새로이 솟아나는 것과 마주치고 자신의 가능성을 '남김없이' 맛보려고 할 수 있다.

철새처럼 우리는 항상 다른 태양에 이끌린다. 그러나 그것은 도피가 아니며, 단순히 차례대로 단계를 밟아 나가는 문제도 아니다. 그것은 우리 안에서 고갈되어 가는 것, 즉 참신한 것의 자극, 창조적 역량, 새로운 것의 약동을 만들기 위해 우연한 마주침, 장소, 공간(붐비는 도시, 한적한 곳, 책과 음악)들에 의지하는 일이다. 이러한 실제·상징적 공간에 몰입함으로써 우리는 우리를 한정하는 원에 틈을 열 수 있다.

"그럼 마지막으로 이번엔 원을 반쯤 열었다가 활짝 열어 누군가를 안으로 들어오게 한다. 또는 누군가를 부르거나 혹은 스스로 밖으로 나가거나 뛰어나가 본다. (…) 일단 달려들어 한번 시도해 보는 모험을 감행하는 것이다."[275]

또한 우리가 꿈꾸는 제자리가 독점적 소유물이나 고정된 공간이 아님을 기억할 필요가 있다. 루소가 말했듯 위험은 자신의 영토에 담을 치는 데 있다. 자리의 문제는 정체성의 문제이며, 그것

---

[274] Georges Perec, *Tentative d'épuisement d'un lieu parisien*, Christian Bourgois, 1982. 조르주 페렉, 『파리의 한 장소를 소진시키려는 시도』, 김용석 옮김, 신북스, 2023.

[275] Gilles Deleuze et Félix Guattari, *Mille plateaux*, Paris, Minuit, 2013, p. 392. 질 들뢰즈, 펠릭스 가타리, 『천 개의 고원』, 김재인 옮김, 새물결, 2001, 590-591쪽.

은 소유의 문제와는 별개다. 우리의 공간은 내부에 있다. 우리는 공간을 내부로 옮기는 존재들이다. 이 공간은 가소성을 지닌 채 살아 있으며, 그렇기에 다른 장소들을 향한 꿈으로부터 양분을 공급받지 못할 때 축소되어 버릴 위험이 있다. 중립적인 지대, 공터, 아무도 손대지 않은 공간만 있다면, 우리는 우리 안에 자리를 창조할 수 있다.

소리의 원

"하지만 무엇보다 내 집은 미리 존재하지 않는다. 이것을 얻으려면 먼저 부서지기 쉬운 불확실한 중심을 둘러싸고 원을 그린 다음 경계가 분명하게 한정된 공간을 만들어야만 한다."
— 질 들뢰즈, 펠릭스 가타리, 『천 개의 고원』

그렇지만 말이다. 우리 역시 동물들이 하는 것처럼 미세한 흔적들로 자신만의 영역을 그릴 때가 있다. 이는 동물들의 영역 표시와 같은 것이다. 어린 시절 우리는 모래 위에 손끝으로, 아스팔트 위에 분필을 이용해서, 우리 몫의 땅을 그리곤 했다. 우리는 모두 자신의 주위를 둘러싼 눈에 보이지 않는 원을 그리는 존재들이다. 어둠을 무서워하는 아이는 안심하기 위해 노래를 부른다. 멜로디에 자신을 맡기고 안전한 자리를 확보하는 것이다. 들뢰즈가 말하듯 그 멜로디는 "안정되고 고요한 중심의 스케치로서 카오스의 한가운데서 안정과 고요함을 가져다준다."[276] 노래나 음악처럼 인간성을 띤 소리는 공간을 보다 덜 차갑고 덜 불안하게 한다. 밤의 어둠 속에서처럼 형태가 희미해졌을 때 공간 안에 형태를 부여해 주는 것이다. 라디오, 텔레비전을 켜놓거나 말과 소리의 흐름 한가운데 있을 때, 엘리베이터에서 음악이 흘러나올 때도 마찬가지다. 잠재적으로 불안을 야기할 수 있는 공간이 친숙한 소리, 목소리, 현

---

[276] Gilles Deleuze et Félix Guattari, *Mille Plateaux*, op.cit., p. 382. 『천 개의 고원』 589쪽.

존의 자취들로 인해 변모된다.[277] 우리는 우리를 보호하고 영역을 구획 지어 주는 소리의 막을 주변에 끊임없이 만든다. 방 안이나 만남의 장소를 소리로 감싸지 않은 채 침착하게 정적의 시련을 견디려면 각별한 안전감과 자신감이 있어야 한다.

헤드폰으로 음악을 듣는 것이 세상과 단절된 채 나만의 고치에 틀어박히기 위해서만은 아니다. 그것은 모든 침입을 불허하며 닫혀 있는 세계가 나를 멀리 밀어내는 것 같을 때, 그 안으로 파고들 용기를 낼 수 있게 도와주기도 한다. 음악은 세계 안에 친숙함을 불어넣어 준다. 우리에게 적대적인 모습으로 나타나는 영역들에서 두려움을 덜어 주는 것이다. 멜로디나 리듬을 덧입힘으로써 우리는 그곳에 다가갈 수 있게 되고, 그곳을 길들일 수 있게 된다.

우리는 끊임없이 우리를 둘러싼 원을 그려 나간다. 소리나 감정이 만드는 눈에 보이지 않는 벽, 안심시키고 좌표를 고정해 주는 심리적 경계는 내 것과 타인의 것, 익숙한 것과 낯선 것을 구별해 준다. 삶의 여러 순간에 우리는 이 원을 다시 그리기도 한다. 우리의 자리는 움직인다. 우리의 영토는 땅 속에 고정되지 않으며, 사회적 삶이나 감정적 삶은 지리적 이동이 보여 주는 것보다 훨씬 더 유목적이다. 세르지[278]나 교토에서 내 내면은 어떻게 움직였을까? 우리의 내적 이동은 우왕좌왕하는 부조리한 지도를 그리고 광란의 파동계를 만든다. 그것이 지리적이건, 사회적이거나 정서적이건, 의식적이건 무의식적이건, 우리는 "위안을 주는 광장"[279], 익

---

277 *Ibid.* : "라디오나 텔레비전은 모든 가정에서 일종의 소리 벽으로서 영역을 표시한다."

278 프랑스의 오베르뉴론알프스 지역의 앵 지방에 위치한 마을. —옮긴이.

279 J-B. Pontalis, *Traversée des ombres*, *op.cit.*, p. 581: "우리는 모두 위안을 주는 자기

숙한 작은 자리를 벗어나는 순간 다른 공간에 적응하기 위해 새로운 원을 그려 나간다.

만의 광장을 지닌다. 그것은 우리의 삶의 틀이나 각자가 속해 있는 제도일 수 있으며, 어머니의 팔(오랫동안 나는 바다와 같은 팔을 꿈꾸어 왔다……)일 수도 있다."

자리 옮김을
사유하기

"어떤 사유가 자리 옮김을 무시할 수 있을까? 제자리에 멈춰 있는 사유만이 그럴 것이다.
그것은 사물들이 자신이 생각하는 대로 존재하길 바라는 사유, 감각적 세계의 다의성이 지닌 무한한 풍요로움에 대해 그리 관대하지 않은 사유일 것이다."
— J.-B. 퐁탈리스, 『그림자 횡단』

미셸 푸코는 『다른 공간들』에서 공간 개념에 대한 간략한 역사를 다루며 인간의 자리 또는 공간 배치emplacement의 문제를 현대적 질문으로 간주한다. "우리는 공간이 공간 배치들 간 관계의 형태로 주어지는 시대에 살고 있다."[280] 그는 이것이 인구통계학적 문제이자 "인간 구성원이 지녀야만 하는 이웃 관계, 저장과 유통, 위치 측정, 분류의 유형을 인식하는 문제"임을 강조한다. 푸코가 이 강연을 한 1964년 당시에는 아직 공간의 탈신성화가 완전히 이루어지지 않아서 공적 공간과 사적 공간, 가족적 공간과 사회적 공간, 개인 공간과 직업 공간 사이의 구별이 유지되고 있었다. 신기술의 발달로 원격 소통이 가능해지고 코비드 보건 위기로 그러한 움직임이 가속화된 오늘날, 경계는 푸코의 생각처럼 다공성을 넘어 사실상 소멸하는 것으로 보인다. 공간 배치가 포개어지는 것이다. 사생활의 영역은 이제 거실과 침실 안까지 들어오는 노동의 영

---

280 Michel Foucault, *Des espaces autres, op. cit.*, p. 754.

역에 의해 침범당하고 있다. 공간이 뒤섞이고, 역할과 인격이 뒤섞이며, 정체성들 간에 전염이 일어나 관계의 본질을 반영하는 적정선의 거리를 평가하고 유지하는 것이 어려워진다. 개인의 삶 자체가 집 밖으로 흘러넘쳐 가상세계에 노출되거나 전시되는데, 이는 푸코가 거울에 대해 이야기하면서 "나는 내가 존재하지 않는 그곳에 존재한다"[281]라고 한 바 있는 유토피아의 논리를 이어받는 것으로 보인다. 우리는 푸코의 말을 빌려 그것이 세계와 자아의 부재, 가상 아바타의 증식이 야기하는 현실감의 상실을 얼마나 적절하게 기술하는지 확인할 수 있다. 거울과 마찬가지로 가상 이미지는 "거기[282] 비친 내 모습 — 우리는 그 이미지에 대해 무언가 말하고픈 유혹을 받는다 — 을 바라보는 동안 차지하는 자리를 절대적으로 현실적인 동시에 (…) 절대적으로 가상적인 것으로 만든다." 우리는 이러한 유토피아적 공간, "우리 자신이 실제로는 제대로 정돈되지 못하고 뒤죽박죽"인 만큼 "완벽하고 잘 정돈되어" 있는 "보상"의 공간 속에서 피난처를 찾는다.[283] 푸코 자신은 경험하지 못했지만 우리에게 사유의 실마리를 제공해 주는 이러한 환상 공간은 "인간적 삶이 구획하는 모든 공간 배치"에 대한 우리의 기만적인 반응이다.

    푸코는 공간 분석에서 "바슐라르가 남긴 위대한 업적"에 경의를 표하지만, 그와는 뚜렷이 구별되는 길을 걷는다. 그는 친밀하고 정서적인 내적 공간이 아닌 외적 공간, "우리의 삶이 침식되는"

---

281 Michel Foucault, *Des espaces autres*, op.cit., p. 756.
282 원문에서는 "거울"을 의미하지만, 이 인용문은 우리의 맥락인 보편화된 가상 이미지에 대해서도 시사하는 바가 크다.
283 이상의 인용문들은 모두 Michel Foucault, *Des espaces autres*, op.cit., p. 761.

공간, "우리를 갉아먹고 좀먹는" 공간, 우리에게 흠집을 입히는 정치적이고 사회적인 공간에 대해 연구하자고 제안한다. 이 책에서 우리는 우리를 상처 입히는 외적 공간과 위안을 주는 내적 공간을 구별하는 일을 재고해야 하는 이유가 무엇인지 보여 주려 노력했다. 내적 공간과 외적 공간은 동요와 긴장이 가로지르는 곳이다. 우리는 우리가 점유하거나 열망하는 자리의 문제를 성찰하기 위해 가능한 한 두 가지를 함께 고려해야 한다고 생각했다. 공간 배치들, 지리·사회적·정치적 상황, 이따금 우리의 의사와는 상관 없이 제도, 병원, 양로원 등 사회의 변두리에서 맞닥뜨리는 폭력, 일회적이지만은 않은 배치도 위에 놓이게 하는 사회적이거나 가족적인 상징 체계 등은 모두 "제대로 정돈되지 못하고 뒤죽박죽"인 이 세상에서 우리가 열망할 수 있는 자리, 우리에게 마련되거나 봉헌되거나 금지된 공간에 대해 무언가 말해 주며, 이는 60년이 지난 지금도 여전히 유효하다.

내가 열망하는 이 자리, 내가 제자리에 있다고 느끼는 현실적이면서도 내면적인 이 장소에서, 내가 나의 것이라 주장하는 소속감의 원과 우연한 만남 및 사건에 열려 있는 유연한 "소유물"의 원은 부분적으로 겹치지만 결코 일치하지는 않는다. 우리는 어떤 사회적 공간에 적응하지 않고서는 제자리를 찾을 수 없지만, 그러면서도 할당받은 자리에서는 제자리에 있다고 느끼지 못하며, 삶을 살아가는 동안 계속 자리를 바꿔 나가기 때문이다. 결국 자리의 문제는 자리 옮김의 문제기도 하다.

그러나 우리는 또한 자신의 자리에서 말하는 존재이기도 하다. 따라서 제 목소리로 말하는 것, 제자리를 주장하고 실존을 주장하는 것, "자리 안에 존재"하고 자리를 차지하는 것 역시 중요한 문제다. 우리는 목소리를 통해 하나의 자리를 제 것으로 만든다. 들뢰즈가 일러주듯 영토는 무엇보다 소리의 영역이기 때문이다. 내가 말할 수 있는 곳, 목소리를 낼 수 있는 곳에서 나는 자리에 대한 권리를 주장하고, 나를 위한 자리를 만들며, 그것을 쟁취해 낼 수 있게 된다.

무엇을 위한 자리인가?

"우리가 취할 수 있는 가장 나쁜 자리는 바로 우리 안에 있다."
― 몽테뉴, 『에세』

분명한 규칙을 내세울 수도 있을 것이다. 각자에게 우세한 원소[284]에 따라 자기만의 고유한 자리, **토포스**topos[285]를 갖게 될 것이라고. 그에 따르면 흙의 사람은 땅속에 뿌리내릴 것이며, 공기의 사람은 하늘을 향해, 그게 안 된다면 산을 향해 나아갈 것이다.[286] 물 위에서 아슬아슬한 균형을 유지하며 살도록 만들어진 사람도 있을 것이다. 그렇다면 불의 사람은? 그들은 어디서 살 것인가?

하나의 자리를 향한 꿈, 나를 표현하는 딱 맞는 장소를 향한 꿈은 우리가 은밀히 지니고 살아가는 여러 염려들을 누설하는 일이기도 하다. 실존의 불확실성, 존재의 근본적인 불확정성, 방황 후 틀림없이 나를 찾아올 쇠약과 같은 것들. 페렉이 정식화했듯, 만일 내가 안정적인 장소를 원한다면 그것은 위협적인 역사의 부

---

[284] 고대 그리스의 4원소론은 엠페도클레스에 의해 주창되었으며, 이후 아리스토텔레스가 보완, 정리했다. 이에 따르면 만물은 물, 불, 공기, 흙이라는 4원소로 이루어져 있으며, 각 원소는 더움과 추움, 젖음과 마름이라는 두 쌍의 성질이 조합해 생겨난다. ― 옮긴이.

[285] '장소'를 의미하는 고대 그리스어. ― 옮긴이.

[286] 원소론에 대한 보다 엄밀한 접근은 아리스토텔레스, 『생성소멸론』, 2권 3장을 볼 것.

침, 버림받았다는 느낌 — 그 느낌을 완화시켜 줄 공간이 있을지도 모른다 —, 어떤 집을 짓는다 해도 보호받을 수 없는 존재의 취약성에서 벗어나려는 것이다. "공간이 모래가 손가락 사이로 빠져나가듯 사라"[287]지는 기분에 맞서려는 것이다. 우리는 모두 현실적이건 상상적이건 은신할 수 있는 자리를 필요로 한다. 가스통 바슐라르도 말한다. "누구나 둥지를 필요로 한다. 누구나 집 안에 구석진 곳을 필요로 한다."[288] 부유하고 흔들리는 세상, 발밑에서 무너져 내리는 듯한 세상에서는 더더욱 그러할 것이다. 그러나 공간이 우리의 틀을 잡아 주고, 윤곽을 그려 주고, 견고하게 해주길 기대하는 것은 우리 실존이 "무정형의 미확정적인 것"[289]처럼 보이기 때문이기도 하다. 그리하여 우리는 직업과 사회적 자리에 맞추어 나의 경계를 확정하고, 외적 규정을 받아들인다. 그러한 자리는 흐릿한 자아에 형태를 부여해 줄 수 있다. 그러나 모든 등장인물이 사회적 연극에서 부여받은 캐릭터와는 전혀 다른 사람인 것으로 판명 나는 마리보의 희곡에서처럼, 그것은 어쩌다 휩쓸리게 된 이 자리의 게임이 자의적이라는 사실을 제외하면 나 자신에 대해 말해 주는 바가 아무것도 없다.

출생이라는 우연이나 역사의 제약, 거듭 잘못된 주사위 놀이로 어떤 자리에 묶였을 때, 자리는 짐이나 감옥이 되기도 한다. 경직된 위계질서가 지배하는 사회에서는 "개인에게 '실제' 이름, '실

287 Georges Perec, *Espèces d'espaces*, op.cit., p. 180. 『공간의 종류들』, 153쪽.
288 Gaston Bachelard, *La poétique de l'espace*, op.cit., p. 19. 『공간의 시학』, 83쪽: "'웅크리고 앉는다'는 것은 '……에 산다'는 동사의 현상학에 속하는 것이다. 웅크리고 앉을 줄 안 사람만이 열렬하게 자기 거소에서 살 수 있다."
289 Jean Starobinski *Montaigne en mouvement*, Gallimard, 1982, p. 50.

제' 지위, '실제' 몸 (…) 등을 그대로 갖게 하"여 "공간은 세분화되고 (…) 누구나 자기 자리에 꼼짝없이 묶여 있"[290]게 된다. 틀에서 벗어나 도망치는 것은 이처럼 무가치한 자리 하나에 가둬 두고 끝없이 침체시키는 사회적 공간의 가혹한 지형에서 벗어나기 위해서이거나, 그러한 주사위 게임에 대한 공포 때문이다. 우리가 탈출하는 이유는 사전에 모든 것이 규정된 자리, 혹은 감금의 원리로 이해되는 한에서의 자리 개념 자체 때문이다.

신선한 바람을 쐬기 위해서건 너무 비좁은 자리에서 벗어나기 위해서건, 우리는 체스판의 칸에서 벗어나려고 욕망하는 이유를 이해할 수 있다. 박차고 나가고 싶을 법한 자리가 어디인지 분간하는 것도 어려운 일이 아니다. 우리를 평가절하하는 자리, 낙인찍거나 비가시적인 존재로 만드는 자리들. 원치 않았는데도 상속받아야 하는 자리, 그 누구도 원치 않는 자리, 정체시키는 자리, 처음부터 정죄하는 자리들. 우리는 "모두가 제자리를 지켜야" 하는 "정상적인" 세상의 폭력성을 안다. 고대 그리스비극에서처럼 항로를 벗어나거나 돌아 나가려는 모든 시도는 발목 잡힐 운명에 처한다. 이것이 오늘날의 사회가 지닌 폭력성과 불투명성이다. 이 속에서 특정 사회적 범주들은 충돌을 겪지 않을 수 없다. 탕기 비엘의 사회소설에 등장하는 "그들이 부르는 소녀"[291], 주어진 조건에서 벗어나고자 하는 이들, 지쳐 나가떨어질 때까지 헛되이 싸우며

---

290 Michel Foucault, *Surveiller et punir*, Gallimard, Tel, 1994, p. 231, 미셸 푸코, 『감시와 처벌』, 오생근 옮김, 나남, 2020, 360쪽. 여기서 푸코가 환기하는 것이 페스트의 전염병적 맥락이라면, 우리는 보건 위기의 시대가 다른 어느 때보다도 자리와 책임의 분배에 있어 어떠한 부담의 실체를 드러내지 않는 것은 아닌지 자문할 수 있다.

291 Tanguy Viel, *La fille qu'on appelle*, Minuit, 2021, p. 13.

살아남는 링 위의 복서와 같은 이들이 그러하듯.

떠난다는 것은 다른 지평선을 찾아 나선다는 것이며, 자신의 목숨을 구하고자 한다는 것이다. 그러나 떠난다고 해서 지정된 자리에서의 탈출이 보장되는 것은 아니다. 노스텔지어에 관한 에세이에서 철학자 바바라 카생이 말하듯, "우리는 오디세우스 이래로 모든 오딧세이아가 정체성 할당에 대한 이야기임을 알고 있다."[292] 지리적으로나 상징적으로 내가 아무리 멀리까지 가더라도, 그것은 놀랍게도 결국 나 자신의 뿌리를 확인하게 되는 기나긴 여정, 나 자신으로 돌아가는 기나긴 우회에 지나지 않을 수 있다. 내가 머물렀던 자리들은 나의 몸과 기억 속에 각인되므로, 나는 그 장소들, 그 공간들에 애착을 갖는 나를 발견하기도 한다. 장 크리스토프 바일리가 에세이 『외유』에서 말하는 "출신지의 느낌"이 바로 이것이다. 때로는 집에서 수천 킬로미터 떨어진 곳에서 내 안에 깊이 뿌리내린 "집"을 경험할 수 있다. 바일리는 뉴욕을 여행하던 중 자신의 고향 솔로뉴를 촬영한 영상을 보고 그러한 체험을 한다. 거기서 "도피의 기획 속에서 (…) 출신지의 느낌", 소속감과 친숙함을 느꼈던 것이다.[293] 작가는 그 장소가 만들어진 "질료", 안개 자욱한 분위기, 하천의 풍경, 얼굴과 목소리들을 "낱낱이" 알아본다. 그는 말한다. 더 최악은 "그가 거기서부터 왔다"는 것이라고. 우리는 내면에 울려 퍼지는 유년기의 목소리들, 수많은 감정이 깃든 최초의 장소들로 짜여져 있다.

최초의 질료, 친숙한 장소들이 남긴 내밀한 흔적은 긴 시간이

---

292 Barbara Cassin, *La nostalgie, Quand est-on chez soi?*, Autrement, 2013, p. 93.
293 Jean-Christophe Bailly, *Le Dépaysement*, Poins, 2012, p. 8-9.

흐른 후에도 감지할 수 있는 것으로 남아 있다. 뒤에 남겨 두고 떠나왔다고 생각하는 그 순간 다시 되돌아오는 최초의 감정들, 과거로부터 떠오르는 장소들. 그것들은 때때로 우리를 압도하는 힘을 지닌다. 이 정서적 질료가 욕망의 형태를 띨 때 그것은 우리를 압도하고 지배한다. 그리하여 그것은 오래전 떠나온 장소로 데려가는 동시에 겨우 적응해 낸 새로운 자리로부터 내몰기도 한다. 우리는 하나의 삶을 양분하여 각각의 선을 이어 나가는 찢김 속에서 살아간다. 우리는 욕망을 통해 이동한다. 우리가 언제나 심리적 모험 속에서 내적 이동을 하는 것처럼 말이다. 안정적인 자리라는 환상은 끊임없이 전치되고 응축된다. 그것은 시간성과 정체성, 공간을 조롱하는 우리의 밤, 꿈의 활동에 대한 연구 앞에서 살아남지 못한다. 꿈은 운동이다. 그 안에서 길을 잃는 것을 두려워할 것인가?[294] 어쩌면 우리는 꿈속에 있을 때 깨어 있을 때보다 더 살아 있는지도 모른다.[295] 우리의 심리적인 삶은 끊임없는 내적 이동, 한 극에서 다른 극으로 움직이는 긴장으로 이루어진다. 무의식의 장소론 topique은 역동적 위상학 topologie이며, 거기서 주체는 항상 여러 장소에 동시에 존재한다. 어쩌면 우리는 결코 자기 안에, 자신만의 고유한 자리에 있지 못한다.[296]

[294] J.-B. Pontalis는 데카르트의 제1성찰에 대해 주석을 달며 위와 같이 질문한다. *Œuvres littéraires, En marge des nuits, op.cit.*, p. 945.

[295] 몽테뉴가 『에세』에서 말하듯 말이다. *Essais, op.cit.*, II, 12, p. 551 : "우리의 각성 상태는 잠 잘 때보다 더 잠들어 있다." 국역본, 2권. 398쪽.

[296] Michel Gribinski, *Qu'est-ce qu'une place?*, Éditions de l'Olivier, 2013, p. 18: "자리란 무엇인가? 이 질문은 우리가 자기 안에, 자기만의 고유한 자리에 있기를 늘 방해하는 환원 불가능한 분열로부터 하나의 의미를 도출한다. (…) 그 분열은 구조적인 것이며, 우리가 그것을 하나로 합치려고 시도하는 순간 언제 어디서든 다시 수면에 떠오를 긴장을 만든

"왜냐하면 우리들은 우리들이 없는 곳에 있기 때문이다."[297]

아마 보다 근본적으로는 우리가 항상 흘러넘치기 때문일 것이다. 우리는 흘러넘쳐 우리가 있는 곳을 넘어서는 다른 곳에 존재한다. 바슐라르는 "현존재는 다른 곳의 존재에 의해 지탱되어 있는 것"[298]이라고 주장한다. 만일 우리가 벗어나고자 하는 것, 즉 "존재의 망설임"[299], 이 내적 물결이 결국 우리의 본질을 구성하는 것이라면 어떨까? 이 사이-존재는 찢김일까 역동적 균형일까? 데카르트가 주장했던 것처럼 이 발이나 저 발로 춤출 수 있는 자유의 행복한 형태는 아닐까?

"한 발은 한 나라에, 다른 한 발은 다른 나라에 딛고 서 있는 상황이 나는 매우 행복하다. 그것이 자유를 의미하기 때문이다."[300]

살기 위해, 자유롭다고 믿기 위해, 우리에게는 여러 공간이 필요한지도 모른다.[301] 나를 조금이나마 내려놓을 수 있는 곳, 나로 존재하는 일의 피로감과 오랜 습관으로부터 해방될 수 있는 다른 장소, 지나가는 과도기적 장소 말이다. 어쩌면 우리는 어떤 장소에도 속하지 않고 닻을 내리지 않았다는 사실에 기뻐하고 즐거

다. 분열 이전에 존재하는 단일성은 없고, 나뉘어지지 않는 단일성도 없다."

297 Gaston Bachelard, *La poétique de l'espace, op.cit.*, p. 190, 피에르 장 주브를 인용한 문장이다. 『공간의 시학』, 419쪽.

298 *Ibid.*, p. 188. 국역본, 411쪽.

299 *Ibid.*, p. 193. 국역본, 423쪽.

300 *Cf.* Descartes, lettre à Christine de Suède, juillet 1648. Cité par Barbara Cassin, en exergue de *La nostalgie, op.cit.*

301 J-B. Pontalis, *L'amour des commencements, op.cit.*, p. 158: "살기 위해, 자유롭다고 믿기 위해, 우리에게는 여러 공간이 필요하다."

워하며 자리를 소망하지 않아야 하는지도 모른다. 그러면 자기만의 장소가 없다는 것이 고통스러운 결핍이 아니라 자유로서 경험될 것이다. 최종적으로 단 하나의 자리만 할당받는 것은 최악의 형벌이 아닐까? 몽테뉴에 따르면 "우리가 취할 수 있는 가장 나쁜 자리는 바로 우리 안에 있다."[302] 우리는 우리를 변모시키는 새로운 자리에서 나로 존재하는 일의 수고로움을 기쁘게 내려놓고 안도하지 않는가? 우리의 존재는 정착, 정주, 소유가 아니라 도약하는 충동, 운동에 있다.

이 '다른 곳'은 우리 안에도 존재한다. 운동은 진동이나 내밀한 침입의 형태를 취하여 내 안에 타자를 환대할 공간을 열어줄 수 있다. 우리가 차지하는 공간보다 더 넓은 내적 자리를 사유할 수 있다. 유연하고 여유 있는 자리, 나만의 자리가 아니라 문자 그대로 타인을 이해할/포함할comprendre 수 있는 자리를 말이다. 내가 항상 타인의 자리에서 그의 입장이 되어볼 수 있는 것은 아니다. 대체할 수 없는 자리, 상상할 수 없는 경험이 존재한다. 우리의 자리가 늘 상호교환이 가능한 것은 아니다. 나는 너의 아픔을 대신 앓을 수 없고, 너를 대신하여 아이를 가질 수 없으며[303], 너를 위해 그 고통을 겪어낼 수 없다. 나는 너에게 내 남은 삶과 에너지를 선사할 수 없으며, 너에게 내 삶의 기쁨을, 내 소망을 전할 수 없다. 이 경우 우리는 각자 근본적으로 서로 분리되어 있어서 우리에게 가장 소중한 사람들을 돕거나 구원할 수 없다. 행복할 때나 슬플 때나 그들은 대체 불가능한 존재이다.

---

302 Montaigne, *Essais, op. cit.*, II, 12, p. 551. 『에세』 2권, 398쪽.
303 적어도 내가 남자로 태어났다면 말이다.

그러나 나는 내 안에 타인을 위한 자리, 그들의 경험과 사고방식과 감정을 위한 자리를 남겨둘 수 있다. 이것이 바로 베르그송이 "마음의 예의"라고 부른 것의 심원한 의미이며, 이는 상대에게 모든 자리를 내어 주는 재량이자 겸허함이다.[304] 이처럼 타인의 자리에서 그의 관점을 취해 보는 것은 단순한 관대함의 제스처를 넘어선다. 우리는 멀리 있는 바깥의 존재이길 그치고 가깝게 감지할 수 있게 된 타인의 삶을 통해 우리의 삶을 배가시키고 수천의 삶을 살 수 있게 된다. 그것이 곧 나의 삶은 아니지만, 잠시나마 타인의 자리에 서서 그를 더 잘 이해하고, 지지하고, 돌볼 수 있게 된다. 내가 그 자리에 서 보았기 때문에, 혹은 보다 정확히 내가 그 자리를 내면화했기 때문에, 내가 스스로 일인칭으로 실험해 본 모든 자리에 그의 자리가 덧붙여지기 때문에, 그것은 나를 침범하거나 어지럽히기보다는 풍요롭게 한다. 산 사람이건 죽은 사람이건, 현실의 사람이건 허구의 사람이건, 타인의 삶이 우리 안에서 제자리를 차지하면, 이러한 동일시의 과정을 통해 우리의 삶은 보다 깊이를 갖는다.

우리는 어느 정도까지 제자리를 선택할 수 있을까? 우연히 발견했거나 권위가 할당한 장소는 우리를 어느 정도까지 규정해야 할까? 몽테뉴의 말을 빌려 질문할 수도 있다. 우리는 카멜레온처럼 제가 앉은 자리의 색깔에 맞춰야 하는 걸까, 아니면 문어처럼 상황에 따라 원하는 색을 자신에게 부여해야 할까?[305] 이 철학자가 결론 내리길, 카멜레온의 변화는 외부의 영향을 받은 변화이지만,

---

304 Henri Bergson, *La politesse*, Rivages Poche, 2008.

문어의 변화는 능동적 변화다. "자유자재로 색깔을 바꾸는 일"은 수동적으로 그 장소에 순응하는 것이 아니며, 거기에 녹아들기보다 우리의 모습을 변화시켜 어떠한 틀을 창조해 낸다는 의미다. 가시성을 받아들이거나 불투명성을 창조함으로써 자신을 가시적인 존재 또는 보이지 않는 존재로 만드는 것이다. 장소가 우리 현존의 양상을 결정하도록 내버려 두지 않고, 틀이 우리를 제약하도록 내버려 두지 않는 것이다. 사건들이 만들어 낸 우리의 모습을 그대로 따르거나 받아들이지 않고, 스스로 공간을 찾아 나가 그곳이 내가 원하는 대로의 효과를 가져오는 것을 보는 것이다. 현실적이든 상징적이든 한 장소의 가능성을 실험하는 일은 우리에게 달린 게 아니겠는가?

그렇다면 각자에게는 하나의 적합한 자리가 있을까, 여러 자리가 교체되며 이어질까? 제자리에 있다는 느낌을 받기 위해서는 행운과 끈기, 용기가 필요할지도 모른다. 또한 그것은 어느 정도 무의식적인 부분일 수 있다. 자리 게임의 체스판에는 우리가 놓치는 움직임들이 있고, 말들을 쓰러뜨리는 돌풍이, 말들을 쓸어가 버리는 분노가 있다. 그러나 앞으로, 대각선으로, 혹은 뒤로 이동하는 자리 옮김이 없다면 게임 자체가 성립하지 않을 것이다. 마찬가지로 우회나 갈림길이 없다면 **나**도 존재하지 않는다. 우리의 자리는 그 자체로 이러한 내적 운동들, 일시적인 충동, 집착의 동요와 충격을 모두 담는 곳이다.

---

305 몽테뉴는 『에세』에서 위와 같이 말한다. *op.cit.*, II, p. 12, 447. 국역본, 2권, 227쪽.

때로는 바람이 부는 대로 흘러가기도 하고, 해류를 따라 표류하기도 하고, 옆으로 비켜나 다른 길로 되돌아와야 할 때도 있다. 최단 경로가 가고자 했던 그곳으로 반드시 데려가 주는 것도 아니다. 우리가 어디로 가야 할지 정말로 아는지도 확실치 않다. 연약한 끈 위에 착지하는 게 늘 쉬운 일도 아니다. 때때로 우리는 서툴기도 하다. 반드시 과녁에 도달할 수 있는 것도 아니다. 아니면 과녁에 너무 빨리 닿아 버리기도 한다. 그 또한 목표를 놓칠 뿐 아니라 자기 자신도 놓치는 일이 될 수 있다. 우리는 어떤 장소 주위를 오랫동안 맴돈 후에야 그것을 제 것으로 만들기도 한다. 우리는 가늠하고, 추정하고, 접근해 간다. 어떤 새들은 나무 주위를 선회하며 커다란 원을 그리다 비로소 그곳에 착지한다. 마찬가지로 우리 역시 어떤 장소에 스며들어 갈 수 있는 틈이 있는지 찾기 위해 주위를 둘러보아야 할 필요가 있다. 우리는 정문으로만 들어가지 않는다. 늘 환영받는 존재인 것도 아니다. 그 공간을 둘러보고, 거기 있는 사람들의 입장이 되어 보고, 소유의 개념에서 벗어나 그곳을 제 것으로 만들어 보자. 이 장소가 내 소유가 되길 바라는 것이 아니라, 그곳을 통해 존재의 잠재력을 발휘해 내가 나 자신이 될 수 있기를 희망하면서. 따라서 나의 정체성에 대해 무언가 말해 주는 장소는 나를 이곳으로까지 이끈 가시적이거나 은밀한 지리적·사회적·감정적 여정을 담는 곳, 정체성 형성 과정의 흔적을 보존하는 자리일 것이다.

책의
여백에

"그러나 흘러가는 나날에 새겨지는 텍스트는 인생의 어디에 있는가? 여백은 어디에 있는가?"
— J.-B. 퐁탈리스, 『시작을 향한 사랑』

이상적으로 이 책은 손으로 쓴 그대로 출판했어야 했다. 그래야 단어들이 페이지 위 공간에 제자리를 잡을 수 있었을 것이고, 글쓰기가 옮겨 적는 것을 완성하는 동시에 뛰어넘을 수 있었을 것이다. 이상적으로 텍스트의 형식은 그것이 의미하는 것 이상을 드러낼 수 있어야 했다. 분석이 전개되는 것을 눈으로 볼 수 있는 일종의 칼리그람[306] 텍스트, 성찰의 풍경이 차차 펼쳐지는 레포렐로[307], 병풍처럼 접힌 책을 상상해야 했을 것이다.

왜냐하면 사유는 공간에 배열되면서 시작되고, 일정한 리듬을 갖고 페이지에 옮겨지는 것이기 때문이다. 호흡의 분절과도 같은 쉼표, 띄어쓰기, 줄 맞춤, 줄 바꿈처럼 몇 개 안 되는 도구만 갖고서 말이다. 이는 선형성에 순응하지 않는 사유, 논리적이고 필연적이라 가정된 여러 계기들을 여러 챕터로 이으며 열거하지 않는 사유, 도약하는 사유를 위한 작은 춤 동작이다. 어리석게도 결국은

---

[306] 아폴리네르가 창안한 용어. '아름답다'는 뜻의 그리스어 'kalos'와 글자라는 뜻의 그리스어 'gramma'를 합성한 것이다. 아폴리네르의 시가 그러하듯 단어 배열로 이미지를 만드는 것이 아름다운 글자, 즉 칼리그람인데, 이 경우 단어가 대상을 지시하는 동시에 그림도 대상을 지시해 대상과 기호가 보다 강렬하게 묶인다. — 옮긴이.

[307] 종이 한 장을 여러 번 접어서 아코디언처럼 연결시키는 바인딩 방식. — 옮긴이.

질서 정연하게 출간될 이 책은 명증한 순서로 이어지는 페이지들을 갖게 되겠지만, 독자에게는 보이지 않을 이 책의 최초 형태는 도서관, 집, 호텔 객실의 책상들을 점령한 잡다한 작은 노트들, 색색의 도표들, 문장에 줄을 그어 놓은 종이들, 다양한 용지에 써넣은 메모들, 요란한 색의 포스트잇들, 초고들이 만들어 낸 무질서였다. 이처럼 혼잡한 기록의 건축물을 옮겨 내려면 천 겹의 페이지와 천 겹의 층을 겹겹이 쌓아 올린 책, 엄밀한 의미에서의 두툼한 책 한 권이어야 했다. 서로 다른 노트들의 우연한 동거가 빚어낸 책상의 무질서는 합리성으로는 이을 수 없었던 연결 고리와 공명을 만들었다. 우리는 삶의 무질서와 화해해야만 한다. 그것이 유쾌한 조합과 비옥한 충돌들을 만드니 말이다.

페렉의 『공간의 종류들』에는 출판사의 보도자료가 포함되어 있다. 편집자는 낱장으로 인쇄된 보도자료를 책의 앞부분에 배치한다. 하지만 독자는 원래의 용도와 상관없이 그것을 책갈피로 사용할 수도 있고, 독서하는 동안 여러 다채로운 장소에 놓아둘 수도 있다. 물론 본인의 판단하에 대수롭지 않은 것으로 여겨 읽는 수고를 마다하고 치워 버릴 수도 있다. 그렇다면 책이라는 공간에 대해 질문하는 이 책 어디에 페렉의 **보도자료**를 끼워 넣어야 할까? 우연히 끼워 넣은 페이지가 마침 나에게 맞춤한 페이지일 수도 있다. 삽입한다는 것은 받아들이고, 끼워 넣고, 뒤섞는 것이다. 씨 뿌리고, 접붙이고, 심고, 주입하는 것이다. 나아가, 보다 근본적으로, 삽입한다는 것은 창조적 운동에 동참시키는 것이다. 물론 어딘가에 삽입된 후 그대로 끝날 수도 있다. 어떤 무리나 계열, 틀 속으로, 신중하고 조심스럽게 말이다. 그러나 우리는 그 안에 우리의 흔적을 각인시키는 데 끝내 성공할 수도 있다. 스스로 하나의 추진력이 되어 타인에게 자리를 옮겨갈 에너지를 전달하게 될 수도 있다. 다른 곳으로 떠나 자신이 진정 누구인지 확인하고자 하는 열망을 심어 주는 것은 기본적으로 교사의 야망이지만, 그것은 작가의 야망이기도 한 것 같다.

나에게 책 읽기는 추격전을 벌이는 것과 같다. 주석을 달고, 밑줄을 긋고, 접고 끼워 넣어 울퉁불퉁하게 만들고, 그리하여 책은 나만의 것이 되고, 책 안에는 독서의 자취와 개인적 반향이 깃든다. 나는 책의 여백에 기록한다. 우리의 실존 역시 중심 텍스트와 여백의 기록이 대화하는 와중에 짜이는 게 아닐까? 우리 삶의 이야기는 우리 자신과 결코 완전히 일치하지 않는다. 우리는 페이지의 빈 공간에 자수를 놓으며 자신을 형성한다. 그것이 바로 샛길의 매력이다. 우리는 가장자리가 말해 주는 것, 속삭임이 말해 주는 것, 우리 의견을 써 넣기 딱 좋은 빈 공간이 말해 주는 것, 막 이해하게 된 것을 한 번 더 확인시켜 주어 감탄, 동의, 놀라움, 몰이해 속에서 밑줄을 긋게 되는 바로 그 기슭이 말해 주는 것을 다시 읽을 줄 알아야 한다. 책의 여백에서 얼마나 많은 대화가 이루어지는가? 삶의 여백에서 우리는 얼마나 많이 다시 시작하는가? 지나치게 신중하거나 순진했던 나머지 한때 주변적인 것으로 여겼던 것이 돌이켜보면 가장 중요한 것으로 판명 날 수도 있다. 우리에게도 그런 것이 있을지 모른다. 한번 생각해 보는 것이 어떨까?

옮긴이의 말

　우리는 자리의 존재들이다. 유한한 우리는 어딘가에서 무엇으로 존재해야만 하고, 몸을 지니고 있기에 공간과 장소를, 영혼을 지니고 있기에 역할과 정체성을 차지해야 한다. 그 자리는 편안하거나 불편한 곳, 자랑스럽거나 수치스러운 곳, 오랫동안 바라 왔던 곳, 적응해 보려 해봐도 도무지 나를 받아 주지 않는 곳, 탈출하기만을 꿈꾸는 곳 등 다양할 수 있다. 다른 한 사람의 존재가 마법처럼 제자리를 만들어 주기도 한다. 닳고 닳은 클리셰지만 속뜻만큼은 근사한 이런 대사처럼 말이다. "너와 함께 있으면 진짜 나 자신이 되는 기분이 들어." 제자리는 특정 장소—때때로 뜻밖인—와 결부되어 생각될 때도 많다. 오랜 시간 앉아 있어도 눈치를 주지 않는 카페의 창가 좌석, 작업대 앞, 두대 위, 이불 속, 독서용 소파, 아무 버스의 맨 뒷좌석, 어떤 불행한 경우에는 회사 밖의 모든 곳, 집 밖의 모든 곳이 될 수도 있다. 보들레르는 심지어 이렇게 쓰기도 했다. "이 세상 밖이면 어디라도!"

　어떤 사람이 제자리에 있다는 느낌 속에서 살아간다면 그것은 꽤 행운이라고 할 수 있을 것 같다. '나의 자리'에 있다고 해서 반드시 '제자리'에 있는 것은 아니기 때문이다. 그 느낌은 실존의 여러 요소가 만들어 내는 일치의 음악과 같은 것으로, 오로지 나 자신만이 알 수 있다. 타인이 결정할 수 있는 게 아니다. 명절에 만난 연세 지긋한 친척들에게서 "너도 이제 자리를 잡아야지" 같은 말을 들었을 때 불편함을 느끼는 것은 아마 그 때문일 테다. 나를 사랑하는 사람이 나를 위해 하는 말이더라도 그렇다. 자리를 잡는다는 말 자체가 나쁜 뜻은 아닌 것 같다. 하지만 당신이 마음속에서 그리는 제자리가 정말 나를 위한 자리일까? 만약 내가 지금의 나를 편안하게 여긴다면, 내가 제자리라고 생각하는 자리를 깎아내리는 말처럼 들릴 수도 있다. 그것은 참견의 말이자, 심판의 말이니까.

만약 내가 지금의 내가 아닌 다른 내가 되려고 한다 해도 사정은 변하지 않는다. 나의 자리는 당신의 예측 밖에 있는 것, 어쩌면 아무도 상상해 본 적 없는 미답의 영역에 있을 수도 있다. 그렇기에 나의 제자리가 무엇인지 안다고 간주하는 오만함은 곤란하다. 혹은, 나는 자리를 잡는다는 개념 자체에 거부감을 느끼는, 어떤 자리에도 안주하지 않는 유목민이고자 할 수도 있다.

제목을 알게 되는 것만으로도 내적 대화가 자극되고 책과의 긴밀한 관계가 시작될 때가 있다. 나에게는 『제자리에 있다는 것』이 그랬다—한국의 독자들에게도 나와 같은 일이 일어났으면 좋겠다—. 많은 번역가가 그렇겠지만, 검토 제안을 받은 그 순간부터 내 머릿속 한쪽 구석에서는 이 책의 원제인 'Être à sa place'를 무어라 번역하는 게 가장 적당한지에 대한 생각이 부지런히 돌아가기 시작했다. 자신의 자리를 의미하는 'sa place'에 '제자리'라는 역어가 맞춤하겠다는 생각이 떠오르자, 조립 중이던 기계의 마지막 부품 하나가 제자리를 잡아 작동이 시작되는 것처럼 내면의 무언가가 착착 맞물려 돌아가기 시작했다. 지적 동경심을 자극하는 난해하고 카리스마적인 개념어는 아니지만, 놓치고 있던 삶의 여러 문제를 생각의 식탁 위에 불러 모아 따져볼 수 있게 해주는 알뜰하고 잠재력 넘치는 개념이었다. '제자리'라는 말을 통해 나의 삶을 전체로 바라보는 동시에 작은 부분 하나하나도 가까이서 들여다볼 수 있을 것 같았다. 단어가 지닌 직관적인 힘도 좋았다. '제자리'를 듣고서 나름의 이미지와 감정을 떠올리지 않을 사람은 없을 테니까. 우리는 그것이 다른 누구도 아닌 바로 자기 자신에게 중대한 문제임을 본능적으로 안다.

저자에게 자리라는 개념은 물리적·지리적·계층적·사회적·정치적 자리이며, 내면의 자리이기도 하다. 장소는 중립적이지 않다. 흔들리며 나아가는 우리는 항상 현실적이면서도 상징적인 장소 속에 깃들어 살아간다. 우리가 차지하는 자리는 우리가 누구인지를 묻는 질문에 대한 임시적이거나 지속적인 답이 되어 준다. 그러나 그것이 타인에 의해 사전에 미리 정해져 있거나, 관성의 힘으로 머물 뿐 어떤 신선한 양분도 취하지 못한다면, 자리는 오히려 억압이 될 것이다. 자리로부터의 튈주가 곧 해방이 될 수도 있는 것이다. 때때로 우리는 다른 곳에서 뿌리내리기 위해 지금 이 자리에 있는 자신을 뿌리째 뽑아 낸다. 불손한 자가 되어 나에게 허락되지 않았던 자리에 침입하기도 하고, 흘러넘치는 열정으로 지금의 나와는 다른 전혀 다른 나 속으로 뛰어들기도 한다. 진정한 장소가 반드시 공간적 장소일 필요는 없다. 우리는 그것을 내면에서 발견하게 되기도 하고, 스스로 발명해 내기도 한다. 누군가가 나에게 제자리를 내어 주는 일도 일어날 수 있으며, 사랑 안에서 비로소 제자리에 있다고 느끼기도 한다. 또한 타인의 내면의 자리는 오로지 그에게만 속한 것이며, 그것은 소유하거나 지배하지 않는 타자

윤리, 존중의 윤리를 고민하게 한다. 뿐만 아니라 제자리는 투쟁을 통해 쟁취해야 할 대상이기도 하다. 젠더, 계급, 인종, 외모, 종교 등을 이유로 사회적으로 배제되는 자들은 자신에게 적대적인 사회에서 제자리를 얻기 위해 편견과 제도의 벽에 맞서 싸운다.

이 책을 쓴 클레르 마랭은 프랑스의 철학자이자 에세이스트, 소설가로 1979년에 태어났다. 그녀의 에세이들은 대중적으로 상당한 성공을 거두었으며, 출간 이래 지속적으로 높은 판매고를 보이는 스테디셀러로 자리하고 있다. 그랑제꼴 준비반의 철학 교사로 재직 중인 그녀는 작가로서 성공했음에도 교직 생활을 유지하고 있다. 그녀는 한 인터뷰에서 교직을 유지하는 것이 현실적 삶의 닻이 되어 준다고 표현한 바 있는데, 그녀의 책이 독자 개개인에게 말을 걸어오는 듯한 이유도 교사로서 소통하는 경험 덕분일 것이다. 독자들, 특히 여러 세대를 아우르는 여성 독자들은 그녀의 책 속에서 자기 자신을 발견하게 되었다고 입을 모으곤 한다. 사인회에서 그녀를 만난 독자들이 내밀한 이야기를 털어놓고 눈물을 흘리는 일도 드물지 않다. 25세에 17세부터 앓아 왔던 자가면역질환을 진단받은 그녀는 질병에 관한 에세이로도 잘 알려져 있다. 저서로는 소설『나를 벗어나』(2008), 에세이『질병의 폭력, 삶의 폭력』(2008),『질병, 내밀한 재앙』(2014),『계승』(2018),『우리는 무엇이 될 것인가?』(2018),『단절(들)』(2019),『내 몸은 정말 내 것인가?』(2020),『시작 : 어디서 다시 시작할 것인가?』(2023)가 있다.

그녀의 에세이는 무엇보다 현실 삶에 철학적 질문의 씨앗을 뿌리고 그것이 자라나고 뿌리내리게 하는 작업이다. 그녀는 몸, 계승, 단절, 시작 등과 같은 하나의 단순한 개념에서 출발하여 사적인 영역에서부터 정치적인 사안에 이르기까지 인간 삶의 다양한 문제들을 다룬다. 그 과정에서 그녀는 방대한 철학·문학 텍스트를 활용하는데, 레퍼런스의 다채로움은 저자의 사유에 선명한 구체성과 깊이를 부여하고, 독자들은 그 풍요로움 속에 자신의 경험을 기입하며 혼자가 아니라는 느낌을 받게 된다. 그녀의 여러 작품의 중심에는 정체성 문제가 있다. 이때 정체성은 오로지 자기 자신만이 스스로 구축해 나갈 수 있는 고유한 내적 정체성으로, 이는 정치적 양극화의 시대에 혐오와 갈등을 부추기는 외적이고 본질주의적인 정체성의 정반대 끝에 있는 것이다.

나는 고양이 두 마리와 함께 산다. 고양이는 영역 동물이지만, 녀석들에게도 공간은 단순한 영역 개념을 넘어선다. 다른 요소와의 관계 속에서 그 위상이 변하는, 가치와 의미로 충전된 자리의 본능이 있는 것이다. 여기서 결정적인 요소는 집사이자 보호자인 나, 집안에서 인기 순위 1위를 차지하고 있는 나다. 내가 많은 시간을 보내는 곳은 고양이들에게도 중요한 공간이 되고, 내가 가지 않는 곳이라면 멋진 스크래처와 캣타워를 놓아두어도 고양이들은 관심이 없다. 고양이들이 쓰지 않아 낭비되는 공간이 있으면, 그곳에 이불을 깔고 며칠 밤 자면 된다. 그러면 고양이들도 그곳을 편안하게 느끼기 시작한다. 나와 가까운 정도가 그들의 중요 영역 혹은 제자리를 결정한다고 생각하면 우쭐한 마음이 들고, 단 한 번도 말로 확인해 본 적 없는 나를 향한 고양이들의 사랑이 진짜임을 확신하게 된다. 물론 고양이들을 향한 나의 사랑도 진짜다. 양팔에 고양이 하나씩을 끼고 잠들 수 있는 곳은 그곳의 주소가 어디든 나의 가장 소중한 '제자리'기 때문이다.

    하지만 언제나 사랑하는 존재들과 함께일 수는 없다. 훌륭한 어른으로 살아가려면 어딘가 멀리서 혼자 있을 때도 제자리에 있다고 느낄 수 있어야 한다. 이런 문제에 대해 생각할 때 나는 늘 달팽이를 떠올린다. 자신의 집을 등 위에 지어서 어딜 가나 제 집에 있을 수 있는, 다른 제자리들을 만들어 가는 거친 여정 틈틈이 그곳에서 쉴 수 있는 달팽이를 말이다. 집이 너무 무겁다면, 소나기 내리는 날 잠시 비를 피할 수 있는 처마 밑 같은 작은 제자리도 좋을 것 같다. 당신이 정착민에 가까운 사람이든, 유목민에 가까운 사람이든, 그중 어느 것이 될지 아직 정하지 못한 사람이든, 안전한 쉼을 제공하면서도 밖을 향해 활짝 열려 있는 처마 밑 자리가 당신 안에 늘 함께하길 바란다.

2025년 3월 22일
황은주